Bernd Imgrund

111 Orte in der Eifel, die man gesehen haben muss

111

emons:

Bibliografische Information der Deutschen Nationalbibliothek
Die Deutsche Nationalbibliothek verzeichnet diese Publikation in der Deutschen Nationalbibliografie; detaillierte bibliografische Daten sind im Internet über http://dnb.d-nb.de abrufbar.
www.emons-verlag.de

FSC
www.fsc.org
MIX
Papier aus verantwortungsvollen Quellen
FSC® C083411

Gestaltung: Barbara Thoben / Lübbeke Naumann Thoben
Kartografie: Ursula Baaser
Wald- und Siedlungsflächen: OpenStreetMap
Druck und Bindung: CPI – Clausen & Bosse, Leck
Printed in Germany 2021
Erstausgabe 2012
ISBN 978-3-7408-1231-7
Aktualisierte Neuauflage Januar 2021

Vorwort

Kennen Sie das Schwarzbildchen von Neuerburg, die Wacholderheiden von Langscheid oder die Bitburger Kolmeshöhe? Wussten Sie, dass in der Eifel sowohl Hopfen als auch Tabak gedeihen? Dass der Kirchturm von Kaisersesch mindestens so schief wie der von Pisa ist? Und dass die Vorfahren des Gustave Eiffel, Erbauer des Pariser Wahrzeichens, aus Marmagen bei Nettersheim stammen?

Es sind Themen wie diese, die auf den folgenden Seiten behandelt werden. Sie führen den Reisenden zu 111 Orten zwischen Bonn und Aachen, zwischen Euskirchen und Trier, zwischen Rhein, Mosel und Sauer. Und sie führen en passant zu neuen Erkenntnissen: Warum heißt Eisenschmitt das »Weiberdorf«? Wieso wurde Wollseifen zur Wüstung, während Allscheid von allen Karten verschwand? Haben Sie schon einmal von den Galgen gehört, die einst am Perlenbach standen? Oder von den Klöppelkriegern bei Arzfeld, die 1798 einen aussichtslosen Kampf fochten?

In Auw an der Kyll reiten drei Jungfrauen auf einem Esel. Im Wald bei Ferschweiler begegnet man dem 4.000 Jahre alten Fraubillenkreuz. Und bei Kruchten passiert man einen seltsamen Flecken namens Neu-Afrika. Mit anderen Worten: Die Eifel ist ganz zu Recht berühmt für ihre Burgen und Burgruinen, für ihre Klöster und Kirchen, aber auch jenseits der historischen Repräsentationsbauten hat sie einiges zu bieten. Deshalb beschäftigt sich das vorliegende Buch mit den eher versteckten, weniger bekannten Sehenswürdigkeiten dieses Landstrichs. Manche offenbaren ihren Reiz erst auf den zweiten Blick, andere, wie etwa der vier Meter hohe Geysir von Wallenborn, kommen spektakulär daher. Allen gemeinsam ist jedoch, dass sie eine Geschichte zu erzählen haben – eine schöne, schaurige, skurrile Geschichte dieses immer spannenden Mittelgebirges, das man Eifel nennt.

111 Orte

EIFELFÜHRER
EIFELFÜHRER
JAHRE
VER

nbereich
ugtes
erbote

1 Der Kreuzweg

Weihrauch und Zigarrenqualm

Kreuzwege waren stets das Daumenkino der einfachen Bevölkerung, zeigen allerdings immer denselben Film: den Leidensweg Jesu hinauf zum Kalvarienberg. Den größtenteils analphabetischen Gläubigen wurde, als Bild oder Bildstock, eine illustrierte Version der Geschichte an die Hand gegeben, die ihnen das Sterben des Herrn näherbrachte. Und während eine Reise zu den Originalschauplätzen in Israel für die meisten unerschwinglich war, lassen sich Kreuzwege in jeder Dorfkirche und auf jedem Hügel installieren.

Die Alendorfer Fußfälle führen über eine sanft ansteigende Schneise bis zur 523 Meter hohen Spitze des Berges. Wie das gesamte Tal, so ist auch der Kalvarienberg von Wacholdersträuchern bewachsen, diesem sehr mediterran wirkenden Buschkraut aus der Familie der Zypressen. Die in einer Linie aufsteigenden Bildstöcke mit ihrem roten Sandstein, die frei verstreuten Sträucher und das bunte, dichte Gras tauchen den Hügel in eine ganz eigentümliche Stimmung. Seit rund 600 Jahren gibt es Kreuzwege, und Graf Salentin Ernst von Manderscheid-Blankenheim war gut beraten, als er hier zwischen 1663 und 1680 einen weiteren anlegen ließ. Der 1630 geborene Regent soll außerordentlich beliebt gewesen sein, unter anderem förderte er das Schulwesen der Region und garantierte seinen Untertanen Religionsfreiheit.

Wie eh und je wird auch heute noch jährlich in der Karwoche hoch zum Schlusskreuz gepilgert. Kreuzwegprozessionen sind Sakralritual und Spektakel zugleich. Der Blick über das Dorf und die Wacholderheiden ist zudem phänomenal und reicht an guten Tagen bis zur Kuppe der 23 Kilometer entfernten Nürburg. Und wo wir gerade bei Distanzen sind: Graf Salentin soll darauf bestanden haben, dass die Entfernung von der Bergspitze bis zum Alendorfer Pfarrhaus exakt jener vom Kalvarienberg in Jerusalem zum Heim des Pilatus entspricht.

Adresse 53945 Alendorf, www.blangem.de/a-z/ortschaften/alendorf.htm | Anfahrt A 1 bis Ausfahrt Blankenheim und über B 51 und B 258 nach Alendorf | Tipp Mehr über die markanten Wacholderheiden erfährt man auf dem Wacholderwanderweg in Langscheid (siehe Seite 132).

2 Das Teufelsloch

Der Beelzebub und das Burgfräulein

Reckt man den Kopf in die Höhe, dann entdeckt man schon von Weitem diesen eigenartigen Fels. Spitz ragt er in den Himmel, aber wie von Zauberhand hat sich etwas Rundes ins Eckige gefräst. Die ovale Form dieses Loches erinnert im ersten Moment an eine Mandorla. In Altenahr jedoch geht es um keine himmlische, sondern eine ausgesprochen maliziöse Geschichte.

Der Teufel, so lautet eine von zahlreichen Versionen, habe sich einst in ein Fräulein der Burg Are verliebt. Also verwandelte er sich in einen jungen Beau und machte ihr schöne Augen. Sie jedoch – so gescheit wie gottgläubig – durchschaute ihn. Dennoch verspürte sie Mitleid mit dem armen, stets von seiner Gier getriebenen Teufel. Und als Luzifer dessen gewahr wurde, versank auch er in tiefe Depression. Zog sich Sackleinen an und ging als Klausner zurück ins Gebirge. Magerte ab, verfilzte und war auf dem besten Weg, mittels Askese zurück in die Arme des Herrn zu finden. Eines Abends dann klopfte die Jungfrau an seine Hütte, und sofort kehrten seine alten bösen Triebe zurück. Als er die Maid jedoch ergriff, stachen ihm plötzlich zwei Hörner ins Gesicht, und vor ihm stand nun seine hässliche, hinterfotzige Oma. Sie hatte die Szene inszeniert, auf dass die Hölle weiterbrenne. Die Reaktion des Teufels führt uns zurück in die Gegenwart. Denn in seiner infernalischen Wut packte er die Großmutter und schleuderte sie mit derartiger Wucht gegen einen nahen Felsen, dass sie mitten hindurchbrach.

Der Beelzebub hätte sich für seine Attacke keinen schöneren Ort aussuchen können, denn die Aussicht von dort oben ist grandios. Und da man hier ohnehin in der Welt der Sagen wandelt, spielt es auch keine Rolle, dass das erste, natürliche Teufelsloch einst zusammengebrochen und das heutige von Menschenhand gesprengt wurde. Denn ganz sicher hatte auch dabei der Teufel seine Hand im Spiel.

Adresse 53505 Altenahr, www.altenahr.de | **Anfahrt** Über A 61 und A 573 zur Ausfahrt Bad Neuenahr/Ahrweiler. Das Teufelsloch erreicht man vom Sessellift-Parkplatz aus (ausgeschildert als Weg 7). Noch kürzer ist der Aufstieg über den schmalen Pfad am westlichen Ortsausgang (Bahnübergang). | **Tipp** Das Langfigtal, wie die Ahrsenke hier heißt, ist bevölkert von zahllosen »Waldgeistern« – in Baumlöcher gemalte Fratzen.

3 Das Brohltal-Viadukt

Sieben Bögen übern Bach

Die Brohltalbahn wird heute vorrangig als touristische Attraktion genutzt. Über 18 Kilometer schnauft sich der »Vulkan-Express« auf Schmalspurgleisen von Brohl am Rhein bis zum heutigen Endpunkt in Engeln und überwindet dabei 400 Höhenmeter. Beliebtestes Fotomotiv seit der Inbetriebnahme 1901 ist das gemauerte Viadukt bei Bad Tönisstein. Mit seinen Ausmaßen, sieben Bögen mit bis zu zwölf Metern Höhe verteilt auf 120 Meter Länge, verweist es auf die einstige wirtschaftliche Bedeutung der Bahnlinie.

Die enge Eifel war im 19. Jahrhundert gegenüber Regionen wie dem Ruhrgebiet ins Hintertreffen geraten. Zu ausgebeutet waren viele Bodenvorkommen, und zu beschwerlich der Transport. Abhilfe schaffen sollte die Eisenbahn, die man dann vorzugsweise durch Flusstäler in die Eifelhöhen führte. Auch die Brohltalbahn ist ein Produkt dieser Überlegungen. Der kleine Brohlbach hat sich über die Jahrtausende durch eine gewaltige Trassschicht gearbeitet – vulkanisches Bindematerial, das zum Beispiel bei den Holländern sehr beliebt war wegen seiner Eignung für den Deichbau. Direkt hinter dem Viadukt beginnt ein verzweigtes, begehbares Höhlensystem, das vom einstigen Trassabbau zeugt. Im Gefolge entstanden sodann eigene Trassmühlen wie die heute noch existente Mosenmühle am Brohlbach. Und auch das Jägerheim, jener sympathisch-verwinkelte Gasthof direkt unterhalb des Viaduktes, war früher ein Mühlenbetrieb. Die Höhlen nutzten die Müller der Gegend, um das Rohmaterial, die frisch abgeschlagenen Trass-»Arken«, trocknen zu lassen.

Aber mit zunehmender Industrialisierung fielen die Preise, der Güter- und Personenverkehr wechselte peu à peu auf die Straße. 1977, nach langem Siechtum und Rückbau, begann die Ära der Brohltal- als Museumsbahn. Gewerblich wird die Strecke heute nur noch von einer einzigen Firma genutzt, die ihr in Brenk gewonnenes Gestein per Schiene zu den Rheinschleppern bringen lässt.

Adresse 56626 Andernach-Bad Tönisstein, www.vulkan-express.de | **Anfahrt** über die B 412 von Brohl-Lützing nach Bad Tönisstein | **Tipp** Die historische Mosenmühle kann besichtigt werden (www.mosenmuehle.de).

4 Die Klöppelkrieger

Ein aussichtsloser Kampf mit Knüppeln

»Den Streitern für Gott und Vaterland«, so steht es auf der Tafel an der Arzfelder Kirche. Das Denkmal in Form einer Takenplatte (siehe Seite 150) zeigt die Klöppelkrieger mit ihrer bäuerlich-unzureichenden Bewaffnung: Dreschflegel, Sensen, Mistgabeln oder grobe Klöppel (moselfränkisch für Knüppel) sollten den französischen Flinten trotzen.

Liest man die Geschichte in der Version der meisten Lokalhistoriker, sympathisiert man spontan mit den Underdogs, die so tragisch scheiterten. Denn die geht folgendermaßen: 1798 hatte man in der Westeifel genug von den welschen Besatzern. Die schlossen alle Kirchen und Klöster, erhöhten permanent die Steuern und steckten die deutschen Bauernburschen für ihre Kriege in französische Uniformen. Zwar mobilisierten die Aufständischen zeitweise bis zu 2.000 Mann, aber dank ihrer völligen militärischen Unwissenheit endete das Unternehmen im Desaster. Die entscheidende Schlacht fand am 30. Oktober bei Arzfeld statt. Lediglich sieben Franzosen ließen ihr Leben, dem gegenüber standen 33 Eifeler Tote. 32 weitere Klöppelkrieger gingen in die Gefangenschaft nach Luxemburg Stadt, wo die meisten von ihnen im Jahr darauf hingerichtet wurden.

Eine tragische Heldengeschichte, so denkt man spontan. Aber jede Medaille hat ihre zwei Seiten. Kritische Geschichtsforscher berichten vom jugendlichen Übermut der Rebellen, der schon bald in Gewalt auch gegen die eigenen Leute umschlug. Wie so häufig dominierten auch dort die Hitzköpfe und Fanatiker die Diskussion. Hatte man sich über die französischen Aushebungen noch gerade eben empört, so wurden nun die Bauern der Umgebung unter Androhung von Tod und Brandschatzung ihrer Höfe zum Mitmarschieren gepresst. Die gerechte Sache schlug ins Gegenteil um, und die Folgen waren absehbar: Wo immer sich eine Chance auftat, flüchteten sich die Zwangsrekrutierten in den Wald und zurück nach Hause.

Adresse Schulstraße 1, 54687 Arzfeld, www.islek.info | **Anfahrt** A 60 bis Ausfahrt Prüm, über B 410 nach Arzfeld | **Tipp** Weitere Erinnerungen an die Klöppelkrieger finden sich im benachbarten Dahnen (Kirche) und Daleiden (Dorfplatz).

5 Die Dreijungfrauengruppe

Der mutige Esel und die Mädels

Was der Christenwelt die Heiligen Drei Könige, das sind Auw an der Kyll seine drei Jungfrauen. Adeliger Herkunft waren sie der Legende nach, Töchter des Frankenkönigs Dagobert. Gewalttätig und sittenlos von Natur, wollte er das Klosterleben seiner Nachkommen nicht akzeptieren. Als er sich daran machte, sie zu entführen und an seinen Hof zurückzuschaffen, entschlossen sich die Geschwister zur Flucht. Aber oh weh, ihr einziges Beförderungsmittel war ein Esel. Also saßen sie zu dritt auf, verfolgt von den Bütteln des Königs. Und nun kommt Auw ins Spiel.

Denn hier an der Kyll endete die Jagd. Die Jungfrauen kamen an einem steilen Felsen zu stehen, die Lage schien aussichtslos. Aber ihre Gebete wurden von der Muttergottes erhört, die dem Esel übernatürliche Fähigkeiten verlieh. Anstatt den Schwanz einzuziehen, nahm er Anlauf und sprang über den Abgrund ans andere, rettende Ufer der Kyll. Zum Dank, so ist es überliefert, haben die Juffern sodann den Ort Auw gegründet.

Tatsächlich pilgern seit etwa 1700 Wallfahrer gen Auw, um in der Kirche den Krautwischtag (Kräuterweihe, 15. August) zu begehen. Oben auf der Eselslay steht inzwischen ein Eselskreuz: »Der Esel, darauf sie sasen/Wollt sie doch nicht verlasen/Und ihr Leben zu gewinnen,/Gleich über die Kyll thut springen«, liest man dort. Unten am Fluss, wo der Graue nach dem waghalsigen Sprung aufgekommen sein soll, begegnet uns die Szene als Medaillon in der Kreuzesmitte: drei Mädels rittlings auf einem Langohr. Nach mehrmaliger Versetzung, erstmalig 1870 beim Bau der Eisenbahn, findet man dieses Kreuz heutzutage direkt an der Marienstraße. Und in der Auwer Kirche wiederum hängt, links hinter dem Altar, eine skulpturale Version der Dreijungfrauengruppe. Ein Ort ganz im Zeichen des Esels also, aber aufs Wappen hat es für das Grautier dann doch nicht gereicht. Denn darauf prangt stattdessen ein roter Drache.

Adresse 54664 Auw an der Kyll, www.auw-an-der-kyll.de | **Anfahrt** A 60 bis Ausfahrt Spangdahlem und über Speicher nach Auw | **Tipp** Die sehr hübsche Kirche Maria Himmelfahrt stammt von 1738. Noch etwas älter ist der links postierte Marienaltar, seit Jahrhunderten das Ziel der Auw-Wallfahrer.

6 Die Glaubersalztherme

Ein edles Tröpfchen aus der Tiefe

Früher muss hier mal der Bär getobt haben. Als der Staat noch großherzig Kuren verschrieb, da standen Städtchen mit einem »Bad« davor in hohem Ansehen. In Bad Bertrich zeugen von dieser vergangenen Zeit noch die nobel-klassizistischen Hotels, die schicken Parkanlagen und Rabatten. Hier und da blättert der Lack ein wenig ab, der Charme wächst ins Morbide. Aber ganz ausgestorben ist der Ort noch nicht, denn schließlich verfügt er über einen außergewöhnlichen Schatz: Deutschlands einzige Glaubersalztherme.

Alle Wasser, die mit über 20 Grad naturwarm aus der Tiefe kommen, bezeichnet man als Thermen. Die Bad Bertricher Quelle trägt ihren Zusatz nach dem Apotheker und Chemiker Johann Rudolph Glauber (1604–1670). Man spricht ihr heilende Wirkung unter anderem gegen Rheuma, Magen- und Darmprobleme zu. Schon die Römer wussten die mit 32 Grad austretende Flüssigkeit zu schätzen, die bis heute in einer Menge von rund 113 Litern pro Minute nach oben dringt. Um selbst in den Genuss einer Glaubersalz-Kur zu kommen, gibt es zwei Möglichkeiten: Entweder man lässt sich von dem Wasser vereinnahmen, oder man nimmt es ein. Ersteres ermöglicht das örtliche Thermalbad, das sich ausschließlich aus der Quelle speist. Und zweites die hübsche Brunnenhalle im Kursaal. Weil keine Pumpen zum Einsatz kommen, strömt das Wasser hier ein wenig unregelmäßig und sprunghaft aus den neun goldenen Hähnen. Immerhin hat es sich zuvor über 2,3 Kilometer aus dem Vulkangestein nach oben mäandert. Und der Geschmack? – Leicht metallisch-mineralisch, ein wenig bitter, unbedingt gesund!

Täglich zu bestimmten Stunden öffnen sich die Türen der Brunnenhalle, damit jedermann kostenlos koste. Legte man für dieses edle Tröpfchen hingegen die Lager-Maßstäbe von Wein oder Whiskey an, wäre es unbezahlbar. Wissenschaftliche Untersuchungen ergaben, dass das Bad Bertricher Glaubersalzwasser rund 24.800 Jahre alt ist.

Adresse Kurfürstenstraße, 56864 Bad Bertrich, www.bad-bertrich.de | Anfahrt A 1 bis Ausfahrt Hasborn und über Niederscheidweiler nach Bad Bertrich | Öffnungszeiten Thermalbad täglich 9–22 Uhr, Brunnenhalle 8–17.30 Uhr | Tipp In der Kurfürstenstraße 21 steht der Clara-Viebig-Pavillon mit einer Sammlung zu Leben und Werk der Eifel-Schriftstellerin (www.clara-viebig-gesellschaft.de, siehe Seite 78).

7 Die Käsegrotte

Märchen contra Wissenschaft

Zunächst einmal wirkt es ein wenig verwirrend, wenn ein Naturphänomen zwei dermaßen unterschiedliche Namen führt: Die einen sagen Käse-, die anderen Feengrotte. Aber das Rätsel lässt sich relativ schnell lösen. Die erste Bezeichnung gibt eher den optisch-realen Eindruck wieder. Wer jemals einen Stapel großer Käseräder gesehen hat, den erwartet in Bad Bertrich ein erstaunliches Déjà-vu. Im ersten Moment mag dem Besucher der absurde Gedanke kommen, hier sei ein dem Käse verfallener Bildhauer am Werk gewesen. Er sah die Basaltlavasäulen des Elbesbachtals, hatte eine Vision und griff zu Hammer und Meißel.

Aber nein, so war es nicht. Geologen erklären das Phänomen als schnöden historischen Prozess: Horizontale Risse entlang der Steilwände sorgten für eine Destabilisierung des Gesteins und kleine Absprengungen. In der Folge kam es bei dieser einst säulenartig erkalteten Lava zu einer »kugeligen« Verwitterung. Und deren Ergebnis sind die heutigen getürmten Käselaiber.

Der zweite, so gegenteilige Name dieses Ortes nährt sich ganz offenbar aus der Märchenwelt. Denn an diesem Abschnitt des Tals stoßen mehrere außergewöhnliche Naturerscheinungen aufeinander. Sehr tief hat sich der Bach hier in die Landschaft eingeschnitten, steile Felswände markieren seine Ufer. Das kleine, gleichwohl reißende Gewässer ergießt sich als Wasserfall in Richtung des alten Mühlengebäudes. Und um das Spektakel komplett zu machen, führt auch noch eine ziemlich schmale Brücke über die Furt hinweg. Kein Wunder also, dass die Bad Bertricher Käsegrotte bereits sehr früh als Postkartenmotiv beliebt war. Alte Fotos belegen zudem, dass hier schon so manche Käseecke verloren ging – immer wieder muss der Durchgang wegen drohenden Steinschlags gesperrt werden. Und der widersprüchliche Doppel-Name? – Nun ja, wahrscheinlich waren es Feen, die einst den Käse schichteten.

Adresse 56864 Bad Bertrich, www.bad-bertrich.de | **Anfahrt** A1 bis Ausfahrt Hasborn und über Niederscheidweiler nach Bad Bertrich. Die Käsegrotte liegt am westlichen Ortseingang von Bad Bertrich. | **Tipp** Ebenfalls vulkanischen Ursprungs ist die zweite Attraktion des Ortes: die Glaubersalztherme (siehe Seite 20).

8 Das Secktürmchen

Ein öffentliches Urinal

Im Rheinischen tendiert das I zuweilen phonetisch in Richtung E. Wer dies bedenkt und sich zudem ein wenig mit der Vulgärsprache auskennt, kommt vom Sicken / Secken übers Seichen zum Urinieren und ist am Ziel. Das Bad Münstereifeler Secktürmchen diente angeblich einst dem Sammeln von Harnwasser, und was sich heute befremdlich anhört, war vor dem Aufkommen der chemischen Industrie völlig normal.

Durch den Ort fließt die Erft, ein Grund dafür, dass sich dort verschiedene Tuchweber ansiedelten. Um die Schafswolle verarbeiten zu können, setzte man ihr neben Wasser verschiedene andere Stoffe zu, darunter Soda und eben Urin. Weil diese Flüssigkeit nicht zuletzt den Wohlstand der Stadt garantierte, wurde sie ganz systematisch gesammelt. Dazu ging der sogenannte Seckhannes des Morgens von Tür zu Tür und füllte um, was die Nachttöpfe hergaben. Seine gesamten Erträge goss er dann – zumindest der Legende nach – in den Seckturm, dessen noch heute sichtbaren, bullaugengroßen Löcher der Entlüftung gedient haben sollen.

Strahlend weiß und kerzengerade reckt sich das schmale Türmchen heutzutage in den Himmel über einem Bad Münstereifeler Brauhaus. Wer es betrachtet, ahnt kaum etwas von seiner stinkenden Vergangenheit. Ohnehin ist die Ortschaft dermaßen gesegnet mit architektur-historischen Highlights, dass die meisten der zahlreichen Gäste am Seckturm ohne Beachtung vorbeiflanieren. Der Tuchmacher hatte seinerzeit ein öffentliches Urinal in die Rundmauer einbringen lassen, sagt man. Die Buchdruckerei, die auf ihn folgte, stieß sich daran, und der Schlitz wurde mit einem Gitter versehen. Aber auch dieses missbrauchte so mancher Passant für seine Notdurft. Deshalb sucht man das historische Seckloch inzwischen vergeblich, es wurde zugemauert. Und wer all das nicht glaubt, dem steht es natürlich frei, das Secktürmchen für einen ganz gewöhnlichen Hausappendix zu halten.

Adresse Markt, 53902 Bad Münstereifel, www.bad-muenstereifel.de | **Anfahrt** A 1 bis Ausfahrt Bad Münstereifel, der Seckturm liegt in der Fußgängerzone. | **Öffnungszeiten** Das Secktürmchen ist nur von außen zu besichtigen. | **Tipp** Wie man jenseits der Notdurft mit richtigen Krankheiten umging, erfährt man im Bad Münstereifeler Apothekenmuseum, das auf eine Apotheke von 1806 zurückgeht.

9 Der Astropeiler

Sternenkunde auf dem Stockert

Wenn man auf dem Pluto – rund sechs Millionen Kilometer von der Erde entfernt – ein Handy klingeln lässt, dann ist das Radioteleskop Effelsberg in der Lage, diesen Ton zu orten. Die 100 Meter große Schüssel kommuniziert mit den hintersten Winkeln unseres Sonnensystems und ist ein Wunderwerk der Technik. Aber alle Wissenschaft, die man am Effelsberg aufbot, wurde am Stockert geboren. Ab 1956 stand der abgelegene Berg nordwestlich von Bad Münstereifel ganz im Zeichen der Astronomie. Denn in jenem Jahr wurde hier der erste deutsche Astropeiler eingeweiht. Sein Auftrag: nach Radiostrahlung aus dem Weltall zu forschen. Dass dies überhaupt möglich ist, hatte 1933 der Amerikaner Karl Guthe Jansky entdeckt.

Erster Träger des Astropeilers in der Eifel war die Universität Bonn. 1966 kam ein zweites Teleskop hinzu, wegen seiner solaren Ausrichtung auch der Sonnenspiegel genannt. Labor- und Wohngebäude entstanden, auf dem Stockert entwickelte sich ein weltweit beachtetes Wissenschaftszentrum. Ab 1972, als die viel größere Anlage am Effelsberg ihren Betrieb aufnahm, wanderte die Forschung dorthin ab, und drei Jahre später war am Stockert vorerst Schluss.

Mit großem Aufwand des ehrenamtlichen Fördervereins und mit Hilfe finanzieller Zuschüsse der NRW-Stiftung konnte das außergewöhnliche Industriedenkmal ab 2007 renoviert werden. Inzwischen werden hier wieder radioastronomische Untersuchungen durchgeführt, nicht zuletzt dank der Überlastung des Effelsberger Teleskops. Um praktische Sternenkunde betreiben zu können, schickt das Bonner Max-Planck-Institut seine Studenten und Doktoranden auf den zwischenzeitlich vergessenen Astropeiler am Stockert. Und der einstige Sonnen- fungiert heute als Mondspiegel. Funkamateure nutzen ihn, um über den Mond mit der ganzen Welt zu kommunizieren. Wie das funktioniert? Weiß der Himmel.

Adresse Astropeiler Stockert 2–4, 53902 Bad Münstereifel-Eschweiler, www.astropeiler.de | **Anfahrt** A1 bis Ausfahrt Bad Münstereifel und Richtung Eschweiler, dort folge man den Hinweisschildern Richtung Astropeiler und Golfplatz. | **Öffnungszeiten** Führungen Mai–Okt. So 14 Uhr und nach Vereinbarung unter info@astropeiler.de | **Tipp** Das Effelsberger Teleskop kann zwar nicht von innen besichtigt werden, aber dafür steht vor Ort ein informativer Besucherpavillon (siehe www.mpifr-bonn.mpg.de).

10 Die Kalkbrennerei

Eine römische Fabrik

Wann hat man schon einmal die Möglichkeit, eine gut 1.700 Jahre alte Fabrik zu besichtigen? – In Iversheim, an einem Hang des Erfttals, fand man beim Verlegen einer Wasserleitung eine komplette Kalkbrennerei. Zwischen 1966 und 1968 legte man die römische Manufaktur frei und öffnete sie anschließend für Besucher.

Damals wie heute spielt Kalk eine wichtige Rolle in verschiedenen industriellen Prozessen. Das Material kommt in der Papier-, Glas- und Kunststoffproduktion zum Einsatz, und früher war es unverzichtbar für die Gerber und Färber. In Iversheim wurden insgesamt sechs Öfen entdeckt, man geht jedoch davon aus, dass noch einige mehr in der Erde schlummern. Jede dieser drei Meter großen Anlagen erwirtschaftete pro Brenngang 15 Kubikmeter Kalk.

Weihesteine belegen, dass hier seinerzeit die 30. römische Legion stationiert war. Rund anderthalb Jahrhunderte, von 150 bis 300 nach Christus, wurde am nördlichen Eifelrand Kalk gebrannt. Für ihren Job nutzten die Soldaten das Gefälle des Hangs. Ganz oben lag der Steinbruch, in dem man das Rohmaterial Dolomit gewann. Weiter unterhalb in der Werkhalle wurde es in handliche Brocken zerkleinert und sodann in die Brennerei verfrachtet. Wiederum ein Stück weiter bergab lagen die Wohnräume der Arbeiter – man muss sich das einstige Leben hier wohl sehr eintönig vorstellen.

Als besonderes Glück für die Nachwelt erwies sich, dass einer der freigelegten Öfen noch komplett befüllt war. Denn anhand dieses Exemplars konnte der gesamte Arbeitsprozess der Römer nachvollzogen werden. Als den Wissenschaftlern dennoch Zweifel an der Effektivität der antiken Ofentechnik kamen, machten sie sich an ein Experiment. Einer der leeren Öfen wurde auf römische Art mit 60 Raummetern Holz und 22 Tonnen Dolomitgestein befüllt und für sechs Tage in Brand gesetzt. Das Resultat: zwölf Tonnen einwandfreier Kalk.

Adresse Kalkarer Weg, 53902 Bad Münstereifel-Iversheim, www.bad-muenstereifel.de | **Anfahrt** A 1 bis Ausfahrt Bad Münstereifel. Der Kalkarer Weg liegt nördlich von Bad Münstereifel direkt an der B 51. | **Öffnungszeiten** Mai–Okt. Sa 13–16 Uhr, So 11–16 Uhr, für Gruppen und nach Vereinbarung unter Tel. 02253/3385 | **Tipp** Im nahen Bad Münstereifel steht der historische Seckturm, in dem man einen ebenfalls industriell wichtigen Rohstoff sammelte (siehe Seite 24)

11 Die Römervillen

Adeliger Eifel-Alltag

Die Eifel gehörte zum Römischen Reich, und dementsprechend zahlreich sind die Relikte jener Zeit. Neben präindustriellen Arbeitsstätten und Heiligtümern sind es vor allem ihre palastartigen Wohngebäude, die das Interesse der Archäologen erregten. Auf eine bedeutende Römervilla stieß man 1980 bei Arbeiten für den Ausbau der B 267 bei Ahrweiler. Seit 1993 museal erschlossen, bietet der Rundgang um Herrenhaus, Badetrakt und Nebengebäude einen guten Überblick des adeligen Alltagslebens. Einmalig im Eifelraum: das bis Fensterhöhe bewahrte Mauerwerk.

Recht weitläufig präsentiert sich auch das Terrain der Villa Sarabodis in Gerolstein. Ihre ab 1907 freigelegten Grundmauern am Kyllufer waren noch bis ins 4. Jahrhundert bewohnt. Was von den Plünderungen der Franken übrigblieb, kann im angrenzenden Museum besichtigt werden. Offenbar einem Feuer zum Opfer fiel zur selben Zeit die einst nicht minder stolze Villa Rustica in Bollendorf. Auch sie wurde vor geraumer Zeit touristisch erschlossen.

Von der Umgebung her am schönsten gelegen ist die Villa Otrang bei Fließem. Das Anwesen offeriert ein sehr hübsches Eifelpanorama, nicht zuletzt von der Terrasse der integrierten Wirtschaft aus. Dank mehrerer Erweiterungsphasen brachte es der antike Landhof bis zum 3. Jahrhundert auf sage und schreibe 66 Räume. Vier der ursprünglich 14 Fußbodenmosaike konnten erhalten werden und werfen mitsamt der Überbleibsel der alten Unterbodenheizung ein Schlaglicht auf die luxuriöse Ausstattung der Villa.

Eine weitere Besonderheit bietet die Grabungsgeschichte. Schon 1873 förderte man an der Südseite die ersten Gebäudereste zutage, immerhin 50 Jahre später ging man im Norden ans Werk. Die Vorgehensweise der preußischen Archäologen fand man schließlich dermaßen spannend, dass nicht nur die antiken Mosaike, sondern auch ihre neuzeitlichen Schutzbauten inzwischen unter Denkmalschutz stehen.

Adresse Am Silberberg 1, 53474 Bad Neuenahr-Ahrweiler; Burg Bollendorf, 54669 Bollendorf; Otranger Straße, 54636 Fließem; Sarresdorfer Straße 15, 54568 Gerolstein | **Anfahrt** Bad Neuenahr: A 61 bis Ausfahrt Bad Neuenahr und auf die B 267; Bollendorf: A 60 bis Ausfahrt Bitburg, dann B 51 und B 257 Richtung Echternach bzw. Bollendorf; Fließem: A 60 bis Ausfahrt Bitburg, dann über die B 51; Gerolstein: A 1 bis Ausfahrt Blankenheim und Richtung Gerolstein | **Tipp** Zum sakralen und Wirtschaftsleben der Eifelrömer erfährt man einiges in Nettersheim (siehe Seite 176).

12 Die Schwurfinger

Rätselhafte Tunnel, erratische Masten

Im Volksmund heißen sie die »Schwurfinger«, jene erratischen Betonmasten im Weinberg über Ahrweiler. Unzählige Klettermarken zeugen davon, dass hier heutzutage Outdoorsport betrieben wird. Aber wozu sollte diese Konstruktion wohl einst dienen?

Anderer Ort, dieselbe Frage: Oberhalb von Dernau, also knapp fünf Kilometer ahraufwärts, sind die Rebenhänge ebenfalls unterbrochen, diesmal allerdings von einem Tunnel. Genutzt wird auch der, für Feste zum Beispiel. Denn hier ist erstens Platz genug, und zweitens wird garantiert niemand nass. Aber: In den Sonderbergtunnel führt keine Straße, beide Ausgänge enden im grünen Nichts.

Des Rätsels Lösung heißt »Strategische Bahn«, hat einen militärischen Hintergrund und geht auf das Jahr 1910 zurück. Schon damals bereitete sich das Deutsche Reich auf einen nächsten Krieg gegen Frankreich vor. Um möglichst schnell einsatzbereit zu sein, sollten Soldaten und Material jederzeit per Bahn an die Grenze gebracht werden können. Ein Anschluss sollte in Liblar bei Brühl beginnen und hinter Rech in die schon existente Ahrtalbahn münden. Für diesen ehrgeizigen Plan wurden sodann Bahndämme aufgeschüttet, und man sprengte insgesamt fünf Tunnel durch die Weinberge. Zur Überwindung des Adenbachtals hingegen war ein Viadukt vorgesehen. Im Ersten Weltkrieg jedoch kamen die Bauarbeiten zum Erliegen, und so blieb es in Ahrweiler bei den nackten, einsam im Hang stehenden Schwurfingern.

Was den Freeclimbern unserer Tage entgegenkommt, ist das stufenartige Plateau auf halber Höhe der Pfeiler. Hier hätte jenes zweite Gleis verlaufen sollen, das durch den Versailler Vertrag verboten wurde. Vier Jahre später übernahmen dann die Franzosen das Rheinland und stoppten den Weiterbau für immer. Die Strategische wurde zur Unvollendeten. Und in ihren Tunneln ging man daran, Champignons zu züchten.

Adresse 53474 Bad Neuenahr-Ahrweiler, www.bad-neuenahr-ahrweiler.de; 53507 Dernau, www.dernau.de | **Anfahrt** A 61 bis Bad Neuenahr/Ahrweiler. Schwurfinger: von der B 267 am westlichen Ortsausgang von Ahrweiler stadtauswärts in den Adenbachsweg. Der Sonderbergtunnel liegt weithin sichtbar direkt über Dernau. | **Tipp** Ebenfalls einen militärischen Hintergrund hat die 2008 eröffnete »Dokumentationsstätte Regierungsbunker« in Ahrweiler, Am Silberberg 0 (www.regbu.de).

13 Die Wolfsschlucht

Der Tönissteiner Bach und sein Canyon

Der Ausbruch des Laacher Vulkans vor rund 13.000 Jahren war eine Katastrophe. Im Nachhinein jedoch bescherte dieses Ereignis der Region manch aufsehenerregende Landschaftsformation. Eine davon ist die Wolfsschlucht bei Bad Tönisstein, ein rund 600 Meter langer Canyon.

Wenn man sich diese nackten, steilen Wände ansieht, denkt man zunächst an Lehm, an gewöhnliche Walderde. Tatsächlich jedoch wandert man hier durch Vulkanasche. 360 Grad heiß war der Strom, der sich vom südlich gelegenen Herd aus mit annähernd Schallgeschwindigkeit über das Tönissteiner und anschließend das Brohltal ergoss. Alles Leben wurde von der Hitze ausgelöscht und verschwand unter einer bis zu 60 Meter dicken Trassdecke.

Die Wolfsschlucht liefert Anschauungsunterricht ebenso für Wissenschaftler wie für Hobby-Geologen. Bereits vor der großen Explosion floss dort ein Bach, dessen Tal dann von den vulkanischen Auswürfen verfüllt wurde. Aber das stete Wasser höhlt den Stein, wie der Volksmund weiß, das flüssige Element schlug zurück. Ganz allmählich und über Jahrtausende fräste es sich durch die Trassmischung aus Asche und Bims. Und dabei gelangte der Bach wieder bis hinunter zu jenem harten, devonischen Schiefergestein, über das er ursprünglich geflossen war.

Der Tönissteiner Bach entspringt kurz hinter Wassenach und bahnt sich seinen Weg durch wildes Terrain. Mal springt er über kleinere Katarakte, mal stürzt er als fünf Meter hoher Wasserfall zu Tal, bevor er die Wolfsschlucht unterhalb von Kell erreicht. Wie der gesamte Wasserlauf, so ist auch der Canyon durch Informationstafeln und einen Wanderweg erschlossen. Steile Pfade ermöglichen den Abgang zum Wasser, wo man mancherorts noch auf sichtbare Zeichen der unterirdischen vulkanischen Tätigkeit in dieser Region stößt: aus orangeroter, eisenhaltiger Flusserde aufsteigende Gasbläschen, sogenannte Mofetten.

Adresse 56626 Kell-Bad Tönisstein | **Anfahrt** Am nächsten kommt man der Schlucht, wenn man auf der Straße von Bad Tönisstein nach Maria Laach am Abzweig nach Kell parkt. | **Tipp** Ein ausgeschilderter Rundwanderweg unter anderem zum Wasserfall und zur Wolfsschlucht beginnt am Brohltal-Viadukt/Gasthaus Jägerheim (siehe Seite 14).

14 Der Bassenheimer Reiter

St. Martin und der Naumburger Meister

Diese Schwertschneide hat schon ein paar Katschen abbekommen. Schwer zu sagen, ob man damit heute noch einen Mantel durchtrennen könnte, wie es der heilige Martin einst getan haben soll. Ebenso ramponiert wie die Waffe wirkt der arme Mann, dem er Gutes tat, und damit wird dieses steinerne Relief auch wirklich interessant. Die berühmte Geschichte von der Mildtätigkeit des römischen Reiters wurde hier in einer seltenen Eindringlichkeit festgehalten. Während andere Künstler die Szene gern idealisieren, regiert in Bassenheim ein kalter, geradezu expressiver Realismus. Völlig zerlumpt ist die Hose des Bettlers, in Fetzen hängt sie ihm über die Knie, während er obenrum ohnehin oben ohne ist. Dementsprechend leidend und verzweifelt blickt er denn auch zum noblen Reiter auf.

Das Kunstwerk stammt aus dem Jahr 1239. Ursprünglich für den Mainzer Dom konzipiert, wurde es 1683 nach Bassenheim bei Koblenz überführt. Als sein Schöpfer gilt heute der mysteriöse Naumburger Meister. Dem gotischen Steinmetz werden unter anderem die zwölf Stifterfiguren im Westchor des Naumburger Doms zugeschrieben. Wer sich dort das stupend schöne Gesicht der Uta von Naumburg ansieht, wird nicht glauben wollen, dass es dem 13. Jahrhundert entstammt.

Für sein Martins-Relief verwendete der Meister einen hellen Sandstein. Bis zum Abbruch der alten Bassenheimer Kirche 1899 war es den Unbilden der Witterung ausgesetzt – vermauert in einer Außenwand des Gebäudes. Zwar fand es dann in der neuen St. Martinskirche einen geschützten Platz über dem linken Seitenaltar, aber über den künstlerischen Wert war man sich auch Jahrzehnte später noch nicht richtig klar. Erst ein Gutachten von Hermann Schnitzler, Direktor des Kölner Schnütgenmuseums, brachte 1935 die Wende. Mit der Zuordnung zum Meister von Naumburg fand das Relief seinen Platz in der Kunstgeschichte. Und seitdem spricht man hier stolz vom »Bassenheimer Reiter«.

Adresse St. Martinskirche am Walpot-Platz, 56220 Bassenheim, www.bassenheim.de | **Anfahrt** A 61 bis Ausfahrt Plaidt | **Öffnungszeiten** Die Kirche ist tagsüber geöffnet. | **Tipp** Ebenfalls am Walpot-Platz steht das dem Bassenheimer Reiter gewidmete Martinusmuseum (www.martinus.hildinet.de).

15 Der Windsborn

Eine vulkanische Schweißschlackenschlucht

Als der Windsborn-Vulkan vor rund 30.000 Jahren ausbrach, spuckte er Abertonnen von Lava in die Luft, die im Flug abkühlten und als noch zähflüssige Masse auf die Erde zurückkehrten. Weil sie sich dort mit bereits Ausgeworfenem oder noch Nachkommendem vermengten, spricht man von Schweißschlacken. Und weil dieses Material recht hart ist, hat es sich bis heute erhalten.

Ersteigt man den Windsborn, geht man über einen Waldboden, aus dem allerorten vulkanisches Gestein bricht. Direkt unterhalb des Gipfelkreuzes betritt man dann eine regelrechte Schweißschlackenschlucht. Wahlweise denkt man an eine Mondlandschaft oder eine Filmkulisse, so phantasievoll zerklüftet ist der Fels dort geformt.

Das verwitterte Kreuz steht am höchsten Punkt des bis zu 30 Meter aufragenden Schlackenwalls. Eine ganz eigene Stimmung weckt auch der stille See, dem man seine 30 Jahrtausende anzumerken glaubt. Im Gegensatz zu den berühmteren, ringsum verstreuten Maaren handelt es sich bei ihm um einen »echten« Kratersee. Zur Unterscheidung: Kraterseen sind in dichtes vulkanisches Gestein eingebettet und speisen sich ausschließlich aus Regenwasser. Obwohl dies den Windsborn nördlich der Alpen einzigartig macht, war seine Existenz mehrfach bedroht. Im 19. Jahrhundert plante man seine Verlandung, um an die bis zu 7,5 Meter dicke Torfschicht heranzukommen. Die Idee wurde fallengelassen, und auch die Angler meiden inzwischen ihre Stege, damit dieses Biotop nicht weiter gestört wird.

Dennoch sind die Tage des Kratersees gezählt. Der Fieberklee und die Sumpfblutaugen bedrohen seine Existenz, zusammen mit der stetig größer werdenden Pflanzendecke aus Schwingrasen und Torfmoosen. Ohnehin nur noch 1,70 Meter tief, lässt sich die Zukunft des Windsborn bereits heute studieren. Denn auch das benachbarte Hinkelsmaar ist kein Maar, sondern ein echter Kratersee – verlandet und zum Moor mutiert.

Adresse 54533 Bettenfeld, www.bettenfeld.de | **Anfahrt** A 1 bis Ausfahrt Manderscheid. Der Krater liegt östlich des Ortes, Parkplatz an der Straße gen Manderscheid. | **Tipp** Mehr über die Vulkane der Eifel erfährt man im nahen Maarmuseum von Manderscheid (www.maarmuseum.de).

16 Die Eishöhlen

Ein verwunschener Wald mit Löchern

Der Weg vom Fischbachtal hinauf zu den Eishöhlen ist recht beschwerlich. Die kürzeste Route beginnt an jenem schmalen Holzsteg auf halber Strecke zwischen Birresborn und Kopp. Dort steht auch eines der raren Hinweisschilder, und dann geht's stramm bergan. Oben angekommen, präsentiert sich dem glücklichen Abenteurer jedoch ein erhebendes Bild. Wie ein verwunschener Märchenwald wirkt dieser alte Vulkankegel, die hohen Buchen lassen nicht viel Licht bis zum Boden dringen. Und zwischen Laub und Moos tun sich schwarze Löcher auf.

Ihren Namen, Eishöhlen, verdanken diese verschlungenen Gänge und Kammern einem thermischen Phänomen. Hoch im Berg liegen sie, und vom Eingang aus geht es sofort abwärts. Das bedeutet, dass die winters eingedrungene kalte Luft im Sommer nicht einfach entweichen kann. Das vulkanisch-poröse Gestein speichert Feuchtigkeit, die wiederum die Verdunstungskälte unterstützt. Und so kam es, dass man hier noch im August auf Eiszapfen traf.

Leider wurde in Birresborn schon seit einigen Sommern kein Stalagmit mehr gesichtet. Aber kühl ist es hier allemal – die Temperaturen bewegen sich ganzjährig zwischen –1 und 4 Grad. Wer im Sommer hier aufläuft, sollte sich mit festem Schuhwerk und Taschenlampen bewaffnen, es wird schon nach wenigen Metern ziemlich dunkel. Ab November wiederum sind die Eingänge der Höhlen verschlossen. Dann hängen dort schützenswerte Fledermäuse von den Decken.

Auch Menschen versteckten sich hier einst, im Zweiten Weltkrieg zum Beispiel. Ohnehin sind die Höhlen ein rein von Menschenhand geschaffenes Produkt. Schon die Römer schätzten die hiesige Vulkanschlacke als Material für Mühlsteine. Später dann trieb man die Produktion voran und Gänge in den Fels – so entstanden über Jahrhunderte die Eishöhlen. Seit 1938, lange nach dem letzten Steinschlag, stehen sie unter Naturschutz.

Adresse 54574 Birresborn, www.birresborn.de | **Anfahrt** A 1 bis Ausfahrt Blankenheim, dann über Gerolstein nach Birresborn. Von dort und von Kopp aus führen Wanderwege zu den Höhlen. | **Öffnungszeiten** April – Okt. ganztägig | **Tipp** Es ist sehr empfehlenswert, die Höhlen im Rahmen einer Führung zu erkunden, Informationen unter www.eifel-gast.de.

17 Der Quelltempel

Wo die Römer ihren Sprudel zapften

»Ihrem Wunsche entsprechend, bezeuge ich hierdurch gerne, dass ich das Birresborner Mineralwasser seit Jahren sowohl als Tafelwasser wie zu Heilzwecken schätzen gelernt habe.« Dies schrieb 1882 ein Dr. med. Preyss an den Eigentümer der Lindenquelle. Außerdem lobte er den Geschmack des Wassers sowie seine Eigenschaft, »die Kohlensäure nicht rasch abzugeben«. Birresborner Mineralwasser helfe bei »katarrhalischen Affectionen der Respirationsorgane« ebenso wie gegen »lästige Magensäure« und Nierensteine, so der Mediziner.

Die L24 zwischen Birresborn und Gerolstein ist eine Schnellstraße, da hält man nicht gern an, selbst wenn man diesen schmucken Quelltempel sieht. Sollte man aber! Schon die Römer nutzten diese Quelle nördlich von Birresborn, und ab 1726 machte man sich an einen vorindustriellen Export des Heilwassers. »Birresborner« gelangte so in die Apotheken und Haushalte von Trier, Luxemburg und Aachen. Für die Zeit um 1820 ist die Abfüllung in reisefeste Tonkrüge bezeugt, 1893 erreichte man annähernd eine Million Einheiten. Im frühen 20. Jahrhundert schließlich wurde der Sprudel zu einem Global Player. Man trank ihn in Südamerika genauso wie in China und Indien.

Bis in die 1960er Jahre hinein florierte der Betrieb. Dann jedoch sorgten Sprengungen des nahen Basaltwerkes für periodische Verschmutzungen des Tiefenwassers. Die Lindenquelle wurde aufgegeben, die Fabrik 1982 abgerissen. Was einzig blieb, war der Quelltempel. Erbaut worden war er ursprünglich 1824. Aber als man sich endlich an die Renovierung des klassizistischen Bauwerks machte, war es beinahe zu spät. Es war völlig heruntergekommen, vollgeschüttet mit Kies, und die Fundamente hielten dem Wasserdruck längst nicht mehr stand. Seit 2009 jedoch präsentiert sich der Tempel in neu-altem Kleid, und nicht nur das. Denn hier fließt auch wieder Wasser. Für jedermann und frisch von der Quelle.

Adresse 54574 Birresborn, www.birresborn.de | **Anfahrt** Der Quelltempel liegt etwa 3 Kilometer nördlich von Birresborn an der L 24. | **Tipp** Um Kohlensäure geht es auch in Wehr und Heckenmünster (siehe Seite 220 und 96).

18 Das Haus Beda

Der Eifelmaler Fritz von Wille

Fritz von Willes große Stunde schlug, als Kaiser Wilhelm II. 1908 die Berliner Kunstausstellung besuchte und ein Bild von ihm kaufte. »Die blaue Blume« ist sicherlich nicht sein eindrucksvollstes, dafür aber sein berühmtestes Werk. So berühmt, dass der 1860 in Weimar geborene Maler es im Laufe seines Lebens noch vier weitere Male zeichnete. Während das Original als verschollen gilt, hängen zwei spätere Exemplare im Bitburger Haus Beda.

Mit über 80 Gemälden findet sich hier die größte Sammlung von Werken des allseits geschätzten Eifelmalers. Schon von Willes Vater war Landschaftsmaler gewesen, während seine Mutter sich auf Tierporträts spezialisiert hatte. Die Stärken ihres Sohnes liegen ganz eindeutig auf dem Gebiet des Atmosphärischen und der Farb- beziehungsweise Lichtkontraste. Wer vor einem Bild wie »Raufrost über Monschau« (1904) steht, den fröstelt es nicht nur spontan. Darüber hinaus entwickelt sich beim Betrachter eine konkrete Vorstellung von der Kälte, der Armut und der Abgeschiedenheit dieses Landstrichs in den vergangenen Jahrhunderten.

Fritz von Wille wuchs in Düsseldorf auf und studierte an der dortigen Kunstakademie. Indem er 1892 Auguste Schneider aus Neuwied heiratete, näherte er sich der Eifel schon einmal an. Ab 1899 lebten die beiden einen Großteil des Jahres über zunächst in Reifferscheid und später auf Burg Dalbenden in Kall-Urft. 1911 dann erwarb von Wille die Burg Kerpen, wo die Familie von da an dauerhaft wohnte. Oberhalb der Befestigung liegt er seit seinem Tod 1941 auch begraben. Heutzutage werden Wille-Bilder eher im vier- als im fünfstelligen Bereich gehandelt. Sehenswert sind sie nicht zuletzt jedoch auch als historische Dokumente. So findet man etwa bestätigt, dass die Eifel zum Ende des 19. Jahrhunderts beinahe baumlos war. Und wer vor der »Heide bei Gerolstein« steht, der möge sich fragen: Wo verstecken sich Kuh und Bauer?

Adresse Bedaplatz 1, 54634 Bitburg, www.haus-beda.de | **Anfahrt** A 60 bis Ausfahrt Bitburg | **Öffnungszeiten** Di 14–17 Uhr und nach Vereinbarung unter Tel. 06561/96450 | **Tipp** Beda ist das römische Wort für Bitburg. In diesem Zusammenhang finden sich im Atrium des Beda-Hauses diverse römische Funde der Region.

19 Die Kolmeshöhe

Kohl, Reagan und die Bitburger Kontroverse

Bitburg ist ein kleines Städtchen, bekannt für sein gutes Bier und sonst nicht viel. Am 5. Mai 1985 jedoch stand es im Fokus der Weltöffentlichkeit. Der deutsche Bundeskanzler Helmut Kohl empfing den amerikanischen Präsidenten Ronald Reagan. Ihr Ziel kurz vor dem 40. Jahrestag der deutschen Kapitulation: der Soldatenfriedhof Kolmeshöhe.

Es war die Zeit der Kalten Krieger, und der ehemalige Schauspieler Reagan galt – zumindest bei seinen Gegnern – als einer der allerkältesten. Aber sein Besuch war nicht nur deshalb heiß umstritten. 2.000 Gefallene der deutschen Weltkriegsarmeen liegen auf der Kolmeshöhe begraben, und unter ihnen: rund 40 Angehörige der Waffen-SS. Ein bundesdeutsches Staatsoberhaupt, das einen Kranz auf Gräbern von Hitlers am Holocaust beteiligter Eliteeinheit ablegt? – Das stieß weltweit auf Befremden.

Die deutsche Friedensbewegung war im Zuge der Proteste gegen die NATO-Nachrüstung stetig stärker geworden. So groß die erwarteten Unruhen, so tief sitzend die Paranoia der amerikanischen Sicherheitsexperten. Um einem etwaigen Anschlag vorzubeugen, wurden gar sämtliche Bitburger Kanaldeckel festgeschweißt. Kohl und Reagan konnten ihren Ehrenkranz unbehelligt ablegen.

Im Nachhinein kam manch bedenkenswerte Facette ans Tageslicht. Die allermeisten der hier beerdigten SS-Leute waren zwischen 17 und 19, noch sehr jung also. Um die Stimmung anzuheizen, sollen US-Reporter Blumen auf den SS-Plaketten platziert und diese dann abfotografiert haben. Ein perfides Vorgehen, das die Bitburger Bevölkerung damit beantwortete, sämtliche Gräber zu schmücken. Heutzutage ist die Kolmeshöhe längst wieder ein Ort der Stille, aber die Widersprüche bleiben: hier die SS-Gräber, dort die Stele zur Erinnerung an Richard von Weizsäckers berühmte Rede zum 40-jährigen Kriegsende mit ihrer zentralen Formel von der »Befreiung vom Nationalsozialismus«.

Adresse Zur Kolmeshöhe, 54634 Bitburg, www.bitburg.de | **Anfahrt** A 60 bis Ausfahrt Bitburg | **Öffnungszeiten** Der Friedhof ist frei zugänglich. | **Tipp** Ebenfalls in Bitburg beheimatet: die Gemäldesammlung des Fritz von Wille im Beda-Haus (siehe Seite 44).

20 Der Tiergartentunnel

Eine mittelalterliche Wasserleitung

Die alten Rittersleut hatten es nicht einfach. Ihre Burgen waren groß und massiv, aber auch abgelegen; das Leben dort war einsam, ungemütlich und kalt. Auch die Versorgung mit dem Lebensnotwendigsten gestaltete sich nicht immer einfach. Die Herren zu Blankenheim zum Beispiel bezogen ihr Wasser zunächst aus einer Zisterne, also einem Regenwasser-Reservoir, weil dort oben kein Brunnen gegraben werden konnte. Und als sie dann 1468 auf die Idee kamen, eine rund einen Kilometer entfernte Quelle anzuzapfen, lag ein Bergsporn dazwischen. Dass die fürstlichen Ingenieure diese Hürde meisterten, beschert den Gästen von heute eine ausgefallene architektonische Sehenswürdigkeit.

Jener 15 Meter hohe Felsrücken zwischen Quelle und Burg hieß schon damals Tiergarten, und dies nicht von ungefähr. Denn dieses Plateau war so etwas wie die Vorratskammer der Jäger und Köche. Hier wurden Rehe, Hirsche oder Wildschweine gehalten, um sie bei Bedarf zu erlegen und zu kredenzen. Um nun an das frische Wasser jenseits des Tiergartens zu kommen, musste der durchtunnelt werden. Zwar hatten die Römer auf diesem Gebiet einiges geleistet, aber das Mittelalter hinkte ihren Errungenschaften auch hier hinterher. Umso bewundernswerter die Anlage in Blankenheim, die im sogenannten Qanat-Verfahren realisiert wurde. Dabei kämpfen sich die Grabungsteams nicht von beiden Seiten zur vermuteten Mitte hin vor (Gegenort-Verfahren), sondern die 150 Meter wurden in kurze Trassen unterteilt. Der Einstieg in die Unterwelt erfolgte dann mittels senkrechter Schächte.

Seit seiner Wiederentdeckung im Jahr 2000 ist das burgseitige Tunnelmundloch frei zugänglich. Eine Glaspyramide oberhalb des historischen Wassersammlers präsentiert unter anderem mehrere hölzerne Originalrohre der Wasserleitung. Und hinterm Hügel, ein paar Minuten in den Wald hinein, gelangt man zur »Alten Quelle«, der hübsch rekonstruierten Brunnenstube des Bauwerks.

Adresse 53945 Blankenheim, www.tiergartentunnel.de | **Anfahrt** A 1 bis Ausfahrt Blankenheim. Der Tunnel beginnt direkt an der als Jugendherberge genutzten Burg. | **Tipp** Der Tiergartentunnel-Wanderweg führt über 19 Kilometer zu den genannten und weiteren Sehenswürdigkeiten rund um Blankenheim (siehe Homepage).

21 Die Eisenhütte

Arm und Reich in Nachbarschaft

In der Frühphase der Industrialisierung wohnte der Chef noch direkt am Werk in seiner Fabrikantenvilla. Immerhin atmete er dort dieselbe, oft nicht gerade gesunde Luft wie seine Arbeiter. Dennoch hätte der soziale Kontrast – hier der Proletarier, dort der Großbürger – kaum augenfälliger sein können. Optisch auf die Spitze getrieben wurde diese Konstellation bei Bollendorf anno 1780. Nachdem Abt Emmanuel aus Echternach eine neue, große Eisenhütte hatte errichten lassen, entstand direkt nebenan das Schloss Weilerbach. Sein Besitzer nutzte es fortan als Sommerresidenz sowie als Verwaltungssitz des Hüttenbetriebs.

Noch heute scheinen die Selbstherrlichkeit und der Hohn in der Luft zu liegen, mit dem der Abt und seine Nachfolger hier regierten. Tag für Tag marschierten die Malocher am Stein gewordenen Symbol ihrer Knechtschaft vorbei zum Fabriktor. Hinter dem Schloss erspähten sie die ausladenden Rabatten des englischen Gartens, architektonisch aufgelockert durch einen Pavillon und ein Brunnenhaus. Die Grenze zwischen Repräsentations- und Fabrikationsbereich markiert bis heute ein breiter Wassergraben.

Die einstigen Hüttengebäude wurden 1958 endgültig aufgegeben und sind längst verfallen. Ihre Ruinen stehen verstreut über den Abhang zum Weilerbach. Auch das barocke Schlossgebäude war im Zweiten Weltkrieg stark beschädigt worden und dümpelte danach jahrzehntelang unter einem Notdach vor sich hin. Erst 1987 begann man mit der Wiederherstellung. Nachdem das Areal 1991 in den Besitz des Landkreises Bitburg-Prüm übergegangen war, machte man sich auch an die Sicherung der Nebengebäude. Während das Schloss vermietet und deshalb nicht zu besichtigen ist, befindet sich in der alten Remise inzwischen ein Museumscafé. Wo früher die herrschaftlichen Kutschen parkten, sitzt man heute bei Kaffee und Kuchen. Und zwischen einigen Relikten der ausgedienten Eisenhütte.

Adresse Schloss Weilerbach, 54669 Bollendorf, www.bollendorf.de | **Anfahrt** Von Bitburg über die B 257 und Echternacherbrück nach Weilerbach. Am südlichen Ortseingang führt die K 19 hinauf zu Schloss und Eisenhütte. | **Öffnungszeiten** Das Gelände ist frei zu besichtigen, das Schloss nicht. Museumscafé: täglich 11–18 Uhr | **Tipp** Viele der alten Schloss-Öfen sind im Hüttinger Ofenmuseum ausgestellt (siehe Seite 108).

22 Der Eifelturm

… und das Doppelmaar

Boos liegt in 480 Metern Höhe. Noch einmal 77 Meter gewinnt, wer den Schneeberg erklimmt. Und auf diesem wiederum steht eine 25 Meter hohe Holzkonstruktion mit dem schönen Namen Eifelturm.

Ein wenig erinnert dieser Turm an einen Campanile, auch der Vergleich mit einer Pagode liegt nahe. Gefertigt wurde er jedoch komplett aus einheimischem Material. Das Grundgerüst wird getragen von drei kerzengeraden, sich nach oben hin leicht verjüngenden Douglasienstämmen. Die 100 Jahre alten Bäume stammen aus dem Booser Gemeindewald. Insgesamt 42 Kubikmeter Holz wurden verbaut, bevor der liegend gezimmerte Turm im Dezember 2003 von zwei Kranwagen aufgerichtet werden konnte. Weil Douglasien ausgesprochen witterungsbeständig sind, kamen hier noch nicht einmal Holzschutzmittel zum Einsatz.

Man hat ordentlich zu klettern, bevor man ganz oben anlangt. Außerdem sind die frei vernagelten Stufen und offenen Geländer auch nichts für Schwindelanfällige. Erreicht man jedoch die Aussichtsplattform, offeriert dieser Turm ein großartiges Panorama. Im Westen die Nürburg und die Aufbauten des Nürburgrings, im Norden die Hohe Acht, mit ihren 747 Metern der höchste Berg der Eifel. Gen Osten hin reicht der Blick an guten Tagen über den Rhein in den Westerwald, und genauso überschaut man in südlicher Richtung den Hunsrück jenseits der Mosel.

Die vielleicht erstaunlichste Sehenswürdigkeit liegt jedoch nicht in der Ferne, sondern direkt zu Füßen des Turms. Zwei kreisrunde, sich leicht überschneidende Dellen strukturieren die Landschaft: das Booser Doppelmaar. Während das östliche auf rund 14.000 Jahre geschätzt wird, gilt das westliche als 4.000 Jahre jünger. Mehrere Tuffgruben belegen den Abbau des vulkanischen Auswurfmaterials in der Vergangenheit. Und auch heute noch wissen die Booser ihr Maar sinnvoll zu nutzen: als Fischteich.

Adresse Schneeberg, 56729 Boos, www.doppelmaar.de | Anfahrt A 61 bis Ausfahrt Mendig, dann über Mayen und B 258/B 410 nach Boos | Tipp Alles über die Entstehung des Doppelmaars erfährt der Besucher auf der 4 Kilometer langen »Kratertour« mit ihren 35 Info-Tafeln. Ein vergleichbarer Turm steht unter anderem auf der Steineberger Ley östlich von Daun (www.vulcanoplattform.de).

23 Die Glockengießerei

78 Prozent Kupfer, 22 Prozent Zinn

Die Auftragslage war früher besser. Kirchen werden nicht mehr gebaut, sondern höchstens entweiht und zu Privathäusern umgemodelt. Glocken werden nicht mehr zu Kanonen umgeschmolzen und nicht mehr als Kriegsbeute entführt. Und einfach so kaputt gehen sie normalerweise auch nicht. Dass sie so robust sind, verdanken sie jahrhundertelanger Erfahrung und solidem Handwerk, in der Eifel repräsentiert durch die Gießerei in Brockscheid.

In der Werkhalle riecht es allzeit nach Feuer und Verkohltem. Glocken in verschiedenen Verarbeitungsstufen stehen zu Schauzwecken bereit, ebenso jene Schablonen, nach denen sich Form und Größe des Mantels ausrichten. Viele tausend Liter flüssiger Bronze flossen hier zischend in die Gießgrube, zahllose Kubikmeter Holz erhitzten die Schmelzöfen auf bis zu 1.100 Grad. Wie die Temperatur, so muss auch die Mischung stets stimmen, damit das Metall weder zu hart noch zu weich wird. 78 Prozent Kupfer und 22 Prozent Zinn stecken in solch einer Glocke. Während diese Ingredienzien heutzutage auf dem Weltmarkt erworben werden, stammen die übrigen Materialien des Produktionsprozesses noch immer aus der Region, bis hin zum Pferdemist und den Rinderhaaren, die den verschiedenen Lehmschichten beigemischt werden.

Die Brockscheider Glockentradition reicht bis ins Jahr 1620 zurück, als die Gießerei noch zu den Wanderberufen zählte. 1840 dann übernahm die Familie Mark jenen Betrieb an der Glockenstraße, der von Cornelia Mark-Maas inzwischen in sechster Generation geführt wird. Wie sie den avisierten Ton vorausberechnet, das ist in Brockscheid genau wie anderswo ein intim gehütetes Betriebsgeheimnis. Um jedoch letzte Ungenauigkeiten zu beseitigen, rückt man der Glocke ganz am Schluss, wenn sie beinahe fertig ist, mit der Stimmgabel zu Leibe. Notfalls kann der Klang nun noch einmal leicht justiert werden, etwa durch Ausschleifen. Und danach geht es dann endgültig ab in die Kirche.

Adresse Glockenstraße 51, 54552 Brockscheid, www.glockengiesser.de | **Anfahrt** A1 bis Ausfahrt Mehren, dann über Schalkenmehren nach Brockscheid | **Öffnungszeiten** Führungen April–Okt. Mo–Sa 10, 11, 12, 14, 15 und 16 Uhr, Nov.–März nur 15 Uhr, für Gruppen auch Sondertermine nach Voranmeldung unter Tel. 06573/9903314 | **Tipp** Im dazugehörigen Ladenlokal kann man unter anderem regionaltypische, dekorative Takenplatten kaufen (siehe Seite 150).

24 Die Kaiserhalle

Ein ganz besonderes Gemisch: Trassbeton

Was ein anständiges Dorf ist, das braucht eine Festhalle. Manche Ortschaften haben es nicht so weit gebracht, die müssen alljährlich zum Schützenfest oder zur Kirmes ein Zelt aufstellen. Andere wiederum verfügen über ein echtes Schmuckstück. Zum Beispiel Burgbrohl.

Auf Fotos aus der Renovierungszeit in den 1980ern ist der Aufbau der Kaiserhalle dokumentiert. Da sieht man wie heute den flachen Mauerring aus Bruchsteinen, darüber jedoch eine wie aus Knetmasse modellierte glatte Kuppel. Und eine Innenaufnahme belegt, dass hier keine stützenden Hilfsmittel eingesetzt wurden – diese perfekte Halbkugel hält ganz von selbst. Auch die später angefügten äußeren Nischen und Rundbögen haben keinerlei statische Funktion.

Ursprünglich eingeweiht wurde der markante Rundbau im Jahr 1896. Der Burgbrohler Architekt und Bauunternehmer Wilhelm Bell hatte mit großen behördlichen Widerständen zu kämpfen gehabt, bevor endlich ein Gutachten der angesehenen TU Berlin den Eifelaner Amtsinspektor erweichte. Zur Realisierung seines für damalige Verhältnisse futuristischen Bauwerks setzte er ausschließlich auf einheimische Baustoffe. Aus Kalk, Lavasand und Trass, der beim Ausbruch des nahen Laacher Vulkans über die östliche Eifel niedergegangen war, entstand hier ein ganz besonderes Gemisch: Trassbeton. Die Burgbrohler Kaiserhalle gilt als weltweit einziges Bauwerk, das aus diesem Leichtbeton gefertigt wurde.

Von seiner Einzigartigkeit mussten wiederum die örtlichen Behörden überzeugt werden. Jahrzehntelange Vernachlässigung und Vandalismus hatten die Halle gegen Ende der 1970er Jahre in eine Ruine verwandelt. Dank der Initiative eines eigens gegründeten Vereins jedoch legte man die Abrisspläne ad acta. Heutzutage ist die Kaiserhalle im Besitz der Gemeinde Burgbrohl und steht für Feiern jeglicher Art zur Verfügung. Wie eh und je.

Adresse Wilhelm-Bell-Straße, 56659 Burgbrohl, www.burgbrohl.de | **Anfahrt** A 61 bis Ausfahrt Niederzissen, dann über B 412 nach Burgbrohl | **Öffnungszeiten** geöffnet anlässlich von Veranstaltungen, siehe Homepage | **Tipp** Vom einheimischen Trass zum Tuff gelangt man durch eine kurze Tour nach Weibern (siehe Seite 222).

25 Die Trappistinnen-Abtei

Stilles Leben auf der Binz

Auch Ordensschwestern können für ihre Rechte demonstrieren. Als auf der Dahlemer Binz Mitte der 1950er Jahre ein Militärflugplatz angelegt werden sollte, wandte man sich umwegslos an Bundeskanzler Adenauer persönlich. Und die eindringliche Bittschrift der Nonnen zeitigte glückliche Konsequenzen. Ein paar Wochen später rückte Verteidigungsminister Blank von dem Projekt ab.

Für Deutschlands damals einzige Trappistinnen-Abtei wäre der Fluglärm das Aus gewesen. Der »Zisterzienserorden strengerer Observanz« lebt schließlich nach dem monastischen Ideal der Regula Benedicti, also den Mönchsregeln des heiligen Benedikt. Und das heißt: Gehorsam und Gebet, Demut und Arbeit, Kontemplation und Schweigen. Während früher überhaupt nicht geredet werden durfte, wird inzwischen ein dezenter und bewusster Einsatz von Sprache akzeptiert.

Entsprechend zurückgezogen geht hier auch das Leben vonstatten. Das Kloster kann umrundet, aber nicht besichtigt werden. Es hat beinahe etwas Unheimliches, hier herumzuspazieren, so still und entrückt wirkt das Areal. Eine lang gestreckte Front, rückwärtig profane, architektonisch uneinheitliche Wirtschaftsgebäude – das ist alles, was man ausmachen kann. Und die Tore sind mit kleinen, vergitterten Schiebetürchen versehen.

Jederzeit offen steht immerhin eine kleine Seitenkapelle der Kirche. Besucher können dort an den acht Gebetszeiten von den Vigilien um 4.05 Uhr bis zum Komplet um 19.20 Uhr teilnehmen. Außenkontakte existieren darüber hinaus durch den Verkauf von Handarbeiten der Schwestern. An traditionellen Webstühlen entstehen verschiedene Paramente, also liturgische Textilien. Wie lange dies noch so bleibt, ist allerdings ungewiss. Die Trappistinnen wollen ausziehen – aus finanziellen Gründen und weil die Mitgliederzahl über die Jahre stark geschrumpft ist. Auch was dann aus der wunderschönen Immobilie werden wird, ist zur Zeit noch nicht absehbar.

Adresse Abtei Maria Frieden 40, 53949 Dahlem, www.mariafrieden-ocso.de | **Anfahrt** A 1 bis Ausfahrt Blankenheim, dann B 51 Richtung Dahlem und der Beschilderung folgen | **Öffnungszeiten** Tagsüber geöffnet ist lediglich die Gästekapelle. | **Tipp** Der Kräuterlikör der Schwestern kann auch online bestellt werden. Man bekommt ihn außerdem im Klosterladen der Abtei Mariawald bei Heimbach, die ohnehin einen Besuch wert ist (www.mariawald.de).

26 Der Vierherrenstein

Grenzgeschichte(n) auf dem Heidenkopf

Es gibt diesen alten Kräuterschnaps namens Sechsämtertropfen, der inzwischen auch bei den nachwachsenden Generationen wieder gefragt ist. Seinen Namen verdankt dieses Getränk den sechs Ämtern, also Verwaltungseinheiten, aus denen die Ingredienzien angeblich zusammengetragen werden. Auf eine ähnliche Grenz-Allianz geht auch der Vierherrenstein zurück, allerdings mit einem kleinen, gleichwohl bedeutsamen Unterschied: Während bei jenem Schnaps zum Vorteil der beteiligten Gemeinden alles in einen Topf geworfen wird, diente der historische Stein der Trennung von Territorien.

Dorfgrenzen waren in rein landwirtschaftlichen Zeiten noch von größerer Bedeutung als heute. Es ging um Viehweiden, um Ackerland sowie Bau- und Ofenholz. Existierten keine natürlichen Grenzen wie etwa ein Bach oder ein auffälliger Baum, musste die Sache ausgehandelt werden. Die erste Erwähnung des Vierherrensteins auf dem Heidenkopf stammt aus dem Jahr 1501, aber er ist wohl deutlich älter. 1608, so belegt eine weitere Akte, tagte eine gräfliche Grenzkommission, um territoriale Streitigkeiten beizulegen.

Der einsame, 75 Zentimeter hohe Basaltlavasolitär kann heute noch dreiseitig entziffert werden. Wappenmerkmale sowie die Majuskeln »SCHM«, »KRÖN« und »IVNG« verweisen auf Schmidtheim, Kronenburg/Dahlem und Jünkerath. Dass hier eine vierte Eifelmacht angrenzte, wird von manchen Forschern bestritten. Die meisten Quellen gehen jedoch davon aus, dass die verwitterte letzte Seite auf Esch verweist. Das nahebei liegende Dörfchen gehörte seinerzeit zu Blankenheim.

Die alten Grafschaften existieren nicht mehr, seit hier 1794 die französischen Revolutionstruppen einmarschierten. Bis heute jedoch stoßen am Vierherrenstein die Gemarkungen der erwähnten Ortschaften aufeinander. Und in West-Ost-Richtung über ihn hinweg verläuft die Grenze zwischen Nordrhein-Westfalen und Rheinland-Pfalz.

Adresse 53949 Dahlem | **Anfahrt** A 1 bis Ausfahrt Blankenheim, dann über B 258 Richtung Nürburgring und bald rechts gen Ripsdorf und Esch. Der Dahlemer Straße in Esch bis zu ihrem Ende folgen. Ab Anfang Schotterpiste ist es noch ein knapper Kilometer. | **Tipp** Im erwähnten Dorf Esch wurde ebenfalls Geschichte geschrieben, hier tobte der Hexenwahn (siehe Seite 84).

27_Das verschwundene Dorf

Die Auswanderer von Allscheid

Die Jahre ab 1845 brachten der Eifel schlimme Missernten. Kein Fitzelchen Sonne zeigte sich den Sommer über am Himmel, und schon im Oktober lag das Land unter einer Schneedecke. Die Menschen brauchten ihre kargen Reserven auf, und schließlich ernährten sie sich von erfrorenen, stinkenden Kartoffeln. Viele starben vor Hunger.

Zu den besonders verarmten Gegenden zählte damals auch ein kleines Dorf namens Allscheid im Kreis Daun. Unter den wenigen Einwohnern war die Not so groß, dass man ihnen bereits 1846 die Steuer auf Brennholz und Vieh erließ. Aber es half alles nichts, die Allscheider waren bettelarm und hatten nichts zu essen. Um wenigstens nicht zu erfrieren, zogen sie des Nachts in den Wald und stahlen Holz.

Zur gleichen Zeit trafen aus Amerika die ersten Briefe von Auswanderern ein. Viele Eifelaner hatten die schlechten Jahre so verbittert, dass sie den Sprung über den großen Teich wagten. Während bald schon Agenten und Wucherer auf den Plan traten, machten viele der Exil-Pioniere ihr Glück auf dem neuen Kontinent. In ihren Berichten schilderten sie ihre Lebensumstände in den blühendsten Farben, das Leben in den USA erschien vergleichsweise paradiesisch. Auch in Allscheid hörte man diese schier unglaublichen Geschichten, und schließlich entschloss sich die gesamte Einwohnerschaft zur Emigration. Alles Land, alle Gebäude wurden verkauft. Im Juli 1852 schifften sich in Rotterdam 19 Männer, 22 Frauen und 25 Kinder nach Amerika ein. Ihr durchschnittliches Vermögen betrug lediglich ein Viertel des bei Eifel-Auswanderern üblichen. Im kommenden Frühjahr wurde ihr Dorf dem Erdboden gleichgemacht, um Platz für neue Ackerflächen zu schaffen. Allscheid hatte, 500 Jahre nach seiner ersten Erwähnung, aufgehört zu existieren. Und von all dem zeugt heute nur noch die kleine Kapelle, die wie gottverlassen zwischen Steiningen und Darscheid steht.

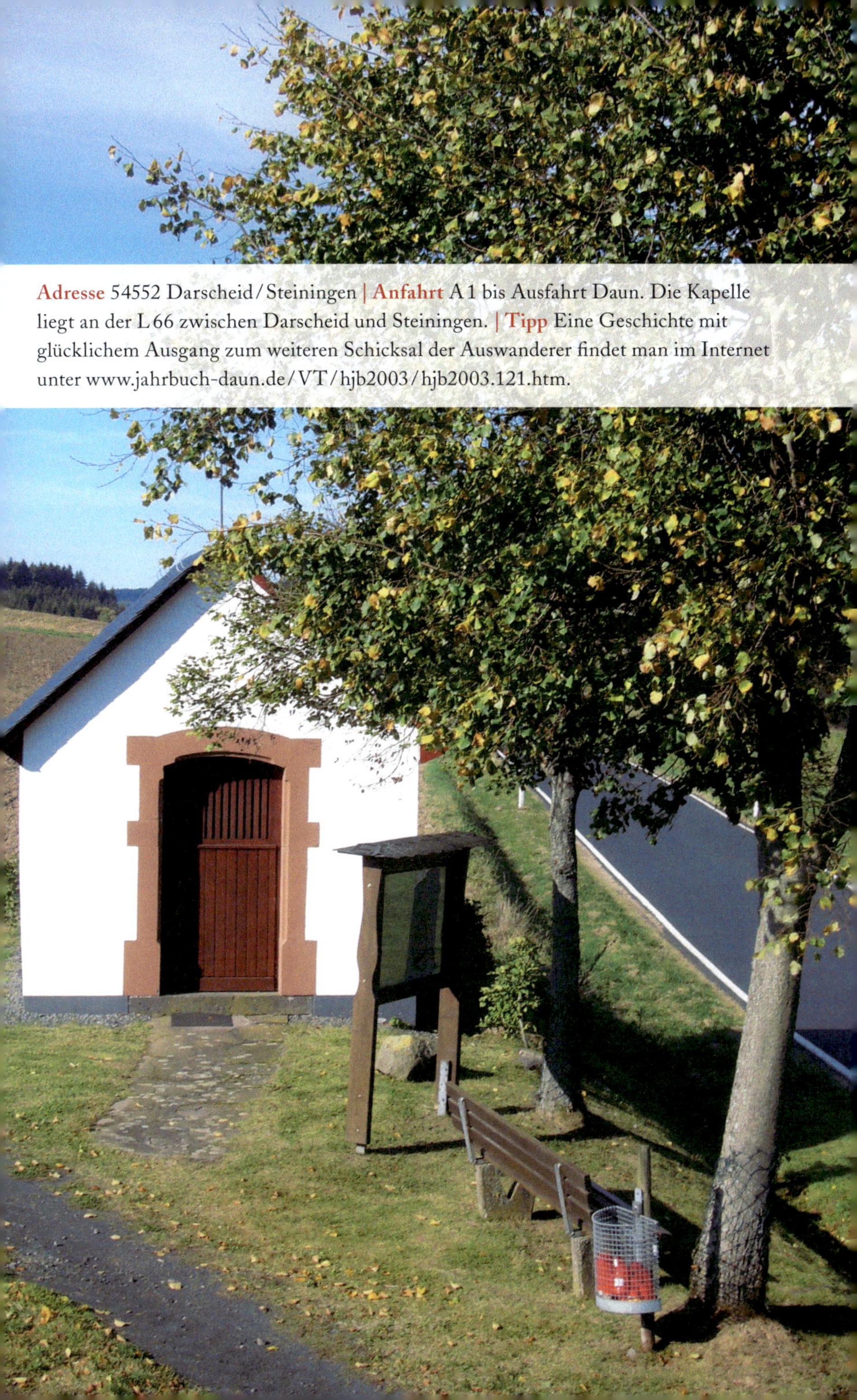

Adresse 54552 Darscheid/Steiningen | **Anfahrt** A1 bis Ausfahrt Daun. Die Kapelle liegt an der L66 zwischen Darscheid und Steiningen. | **Tipp** Eine Geschichte mit glücklichem Ausgang zum weiteren Schicksal der Auswanderer findet man im Internet unter www.jahrbuch-daun.de/VT/hjb2003/hjb2003.121.htm.

28 Das Europa-Denkmal

Ein Dreiländereck in der Our

Auf der Georges-Wagner-Brücke entwickelt man ein neues Verhältnis zu Ländergrenzen. Irgendwie erscheint es absurd, dass genau dort unten Deutschland, Belgien und Luxemburg aneinanderstoßen sollen. Mitten in der Our, ein wahlloser Punkt unter Wasser und zwischen Kieseln. Aber unabhängig von den geografischen Koordinaten schwingt hier natürlich noch etwas anderes mit: der große europäische Gedanke.

Der Luxemburger Georges Wagner (1900–1994) hatte zwei Weltkriege miterlebt, bevor er zum Initiator des Europa-Denkmals wurde. Einer ersten Anregung des Präsidenten der »Europäischen Vereinigung für Eifel und Ardennen« folgte 1972 der Ankauf des Geländes, zu jeweils einem Drittel finanziert von den tri-nationalen Anrainergemeinden. Die Einweihung 1977 wurde zu einem großen Fest unter Beteiligung von Repräsentanten aller involvierten Länder. Auch hinter dem Denkmal selbst steht eine grenzübergreifende Idee. Vier große Findlinge aus den hier benachbarten Staaten (plus Frankreich) verstreuen sich lose über eine kleine, von Hecken umfasste Parkanlage. Sie stammen aus der Lüneburger Heide, aus dem belgischen Vielsalm, dem luxemburgischen Müllertal und den französischen Vogesen. Der sie überragende Zentralstein wiederum enthält eine Liste jener zwölf Staaten, die am 25. März 1957 den Vertrag von Rom und damit die europäische Einigung auf den Weg brachten.

Dass diese Grenze einst von ganz anderer Dimension war, erkennt man vor allem von der deutschen Seite her. Obwohl an der Our und damit an einem leidlich großen Fluss gelegen, existieren hier weder eine Straße noch ein Dorf. Stattdessen macht man sich vom Parkplatz an der L1 aus auf einen gut zwei Kilometer langen Fußmarsch. Bergauf, bergab, durch Wald und Wiesen gelangt man schließlich zum Fluss. Durchaus beschwerlich, aber vielleicht soll es ja genau so sein. Denn der Weg nach Europa, er war ein langer.

Adresse Das Denkmal liegt zwischen Lieler (Luxemburg), Ouren (Belgien) und Sevenig (Deutschland). | **Anfahrt** Auf der luxemburgisch-belgischen Seite führt die CR338 zwischen Lieler und Ouren direkt zum Denkmal. | **Tipp** Das Dreiländereck steht auch im Fokus der Wartehalle von Welchenhausen (siehe Seite 138).

29 Die Kakushöhle

Ein steinzeitliches Labyrinth

Was immer man sich unter einer Höhle vorstellt – diese ist anders. Kein langer Schlauch, dessen Dunkelheit den Besucher schon nach wenigen Metern verschluckt. Keine Stalaktiten oder Stalagmiten und auch kein kristallin glitzernder See. Sondern stattdessen: eine Wohnhöhle, ein geradezu perfekt hergerichtetes Konglomerat mit großer, zehn Meter hoher Eingangshalle, mit Nebenräumen, Seitentüren, Schlafnischen und Vorratskammern.

Hier könnte die Familie Feuerstein gehaust haben, und ihre Verwandten waren auch tatsächlich vor Ort. Die ersten Bewohner der Kakushöhle waren vor 30.000 bis 80.000 Jahren die Neandertaler, und man kann sich leicht vorstellen, wie der Nachwuchs der Steinzeitler hier auf den vor- und zurückspringenden Felsbrocken herumgeklettert ist oder in den düsteren, halb verschütteten Ecken womöglich Verstecken spielte. Dieweil streunten die Männer des Stammes durch die eiszeitlichen Wälder, um Rentiere, Riesenhirsche und Moschusochsen zu jagen. Von all diesen Tieren fand man in der Höhle einige Überreste.

In der römischen Mythologie war der Namensgeber Cacus ein mordender, feuerspeiender Riese, der in einer Höhle über dem Tiber bei Rom lebte. Besiegt wurde er – wie bei Vergil, so auch in der Eifeler Sagenwelt – durch den Helden Herkules. In Wirklichkeit diente die Kakushöhle jedoch weniger dem Vernichtungswillen, sondern eher dem Schutz seiner wechselnden Untermieter – vor Wind und Wetter, vor den einfallenden Franken des 4. Jahrhunderts und den alliierten Bomben des 20. Das vor rund 300.000 Jahren entstandene Kartstein-Labyrinth wurde 1911 erstmals archäologisch erschlossen. Heutzutage wartet auf den Besucher direkt vor dem Eingang ein zur Höhlenhistorie passender Grillplatz. Den großzügigen »Schwenki« muss man allerdings wie einst Barney Geröllheimer selbst befüllen. Mit einer Keule vom Riesenhirsch zum Beispiel.

Adresse 53894 Dreimühlen, www.rhein-eifel.tv/kartsteinhoehle.htm | **Anfahrt** Zur Höhle gelangt man direkt vom ausgeschilderten Parkplatz an der B 477 bei Dreimühlen. | **Öffnungszeiten** immer | **Tipp** Eine vergleichbar lang bewohnte Höhle ist das Buchenloch bei Gerolstein (www.vulkaneifel-european-geopark.de).

30_Die Stadtmauer

Das Dorf, das eine Stadt war

Von heute aus betrachtet ist Dudeldorf ein kleines Dorf mit erstaunlich großen Stadttoren und Resten einer massiven Steinmauer. Dass der Ort derart befestigt wurde, verdankt er seiner Lage und ein paar historischen Zufällen.

Menschen siedelten in der Dudeldorfer Mulde bereits zur Stein- und Römerzeit. Und weil hier im Mittelalter die Machtbereiche von Kurtrier und dem Herzogtum Luxemburg aneinandergrenzten, gelangte der Weiler zu einer außerordentlichen Ehre: Mit Urkunde vom 20. Dezember 1345 verlieh König Johann von Böhmen, zugleich luxemburgischer Machthaber, Dudeldorf die Stadtrechte. Über 500 Jahre lang blieb das Örtchen offiziell eine Stadt, bevor es 1856 die Preußen zur Landgemeinde degradierten. Seit 1970 schließlich gehören die Einwohner der Verbandsgemeinde Bitburg-Land an.

Die Spuren der großen Dudeldorfer Zeiten sind jedoch bis heute sichtbar. Wo sonst in der Eifel beträte man ein 1.000-Seelen-Dorf durch zwei trutzige Stadttore? Am besten erhalten ist das Obertor, das wie sein Pendant um 1453 erbaut wurde. Verschiedenfarbige Flicksteine zeugen von der Pflege über die Jahrhunderte, die alten Schießscharten von der Wehrhaftigkeit der Dorfstadt. Auch die fünf Meter hohen Reste der Stadtmauer machen noch heute Eindruck. Folgt man ihr auf der Kirchstraße, gelangt man zur Dudeldorfer Burg, von der sich Herrenhaus und Turm erhalten haben. Das Dorf war dank seiner Wollproduktion zu einigem Wohlstand gekommen, deshalb finden sich hier noch verschiedene weitere repräsentative Bauten. Das heutige Hotel Zum alten Brauhaus barg früher die Post und die provisorische Gerichtsstätte. Auch das Treppengiebelhaus in der Kirchstraße 9 oder das Breitgiebelhaus am alten Markt gehören zum Denkmalschatz des Ortes. Und weil auch die restliche Bebauung sehr homogen geblieben ist, sieht es hier tatsächlich noch aus wie damals, als Dudeldorf eine Stadt war.

Adresse 54647 Dudeldorf, www.bitburg-land.de | **Anfahrt** A 60 bis Ausfahrt Spangdahlem, dann L 46 Richtung Spangdahlem und der Beschilderung folgen | **Tipp** 30 Jahre bevor Dudeldorfs große Zeit als Stadt endete, wurde 10 Kilometer östlich in Niederkail der Eifeldichter Peter Zirbes geboren (siehe Seite 182).

31 Die Teufelsley

Ein Härtling aus dem Quarzit

Über gut drei Kilometer windet sich die kleine, holprige Straße aus dem Ommelbachtal immer weiter nach oben. Hölzerne Wochenendhäuser liegen versteckt im dichten Wald, bevor der Asphalt auf einer kahlen, abgeflachten Kuppe endet. Hier tost nicht selten der Wind, also schnell wieder nach links in den Wald. Und auf diesem Weg, nach ein paar weiteren hundert Metern, gelangt man zur Teufelsley.

Völlig unvermittelt wächst der gigantische Block plötzlich rechts aus den Bäumen heraus. Mannshoch fängt er an, um sich sodann auf seinen 80 Metern Länge bis in eine Höhe von 18 Metern zu strecken. Damit gilt die Teufelsley als größter zusammenhängender Quarzitblock Europas. Quarzitsandstein, das älteste Eifelgestein, entstand vor rund 400 Millionen Jahren. Damals lag die Region am Äquator, ein Devonmeer bedeckte das Land. Und aus seinen Ablagerungen bildeten sich im Laufe der Gezeiten Felsformationen wie diese. Quarzit selbst ist unfruchtbar, aber in seinen Rissen sammelt sich Erde, die den Stein begrünt. Einer gehörigen Portion Eisenanteile sind hingegen die rötlichen Einfärbungen zu verdanken. Größere Spalte, Durchgänge und Überhänge faszinieren den Wanderer und ziehen inzwischen auch Kletterer an.

Im Umkreis verstreut zeugen abgeplatzte Brocken vom nagenden Zahn der Zeit. Auch was noch zusammenhält, wirkt ramponiert und verwittert, und doch hat es sich weitaus besser gehalten als seine direkte Umgebung von einst. Denn gerade die natürliche Abtragung des weichen Schiefers drum herum modellierte diesen Solitär in die Landschaft. »Ley« ist im Übrigen ein altes Wort für Fels, das man auch bei der berühmten Loreley wiederfindet. Ihren Vornamen bekam die Dümpelfelder Ley durch jene Volkssage vom anmaßenden Teufel, der hier sein Schloss in den Himmel bauen wollte. Ein einziger Stoß Gottes jedoch reichte aus, um seinen lästerlichen Plan zu durchkreuzen.

Adresse 53520 Dümpelfeld, www.duempelfeld-ahr.de | **Anfahrt** auf der B 257 aus Altenahr kommend kurz vor Dümpelfeld links in die Straße Ommelbachtal, dann weiter wie eingangs geschildert | **Tipp** Bei Insul, ganz in der Nähe, liegt das Prümer Tor (siehe Seite 112).

32 Die Liboriuskapelle

Bischofsknochen, Pfau und Felsenklause

Es dürfte kaum einen Landstrich auf der Welt geben, der so reich mit Kapellen bestückt ist wie die Eifel. Wenn man dennoch eine davon herausheben möchte, dann zu allererst die dem heiligen Liborius geweihte nahe dem Ernzer Hof. Und dies aus mindestens drei Gründen.

Da ist zum ersten der sensationelle Blick, den man von dort oben hat. Steil geht er hinunter zur Sauer und über den Fluss hinweg nach Echternach. Erster Blickfang dort: die große, dem in der ganzen Eifel beliebten Willibrord gewidmete Abtei.

Zweiter Grund für einen Besuch mag die Baugeschichte des kleinen Gotteshauses sein. Denn die geht immerhin zurück bis ins Jahr 836. Damals war man in Paderborn auf der Suche nach Reliquien für das neugegründete Bistum, und die Kleriker von Le Mans überließen den Kollegen schließlich die Knochen ihres vierten Bischofs. Liborius' Gebeinen soll ein wegweisender Pfau vorangeschritten sein, wie sich – der Legende nach – überhaupt zahlreiche Wunder bei der Überführung ereigneten. Hoch über Echternacherbrück jedenfalls legte der Zug eine Rast ein, und deshalb steht dort seitdem die Liboriuskapelle.

Mindestens genauso spannend ist das, was sich direkt unterhalb des Gebäudes befindet. Wo man eigentlich nur nackten Fels vermutet, tut sich dem Kletterer eine ganz eigene Welt auf. Initiiert vom Kloster Echternach, lebten hier zwischen 1596 und 1783 Einsiedlermönche. Kaum noch vorstellbar, dass sich über die steilen Hänge einst Kräutergärten und Rebenstöcke zogen. Und in den Felsen wurde gewohnt. Mehrere Zimmer der alten Klause sind noch begehbar, und allerorten ist die Steinmetzarbeit der Höhlenbewohner zu besichtigen: hier eine aus dem Gestein gestemmte Vorratsnische, dort ein kleines Weihwasserbecken. Und mag es seinerzeit auch noch so kühl und kahl gewesen sein, eines hatten die Mönche ihren Brüdern im Tal auf jeden Fall voraus: eine tolle Aussicht vom Balkon.

Adresse 54668 Echternacherbrück, www.teufelsschlucht.de | Anfahrt von Echternacherbrück Richtung Ernzen, dann links ab bis zum Parkplatz am Ernzer Hof | Tipp Weiter Richtung Ernzen gelangt man zum romantischen Felsenweiher und zur wilden Teufelsschlucht (siehe Seite 80 und 82).

33 Das Urpferdchen

Ein verlandetes Maar und seine Bewohner

Wer die Vulkaneifel verstehen will, der fahre ins Maarmuseum nach Manderscheid. Hier erfährt der Besucher alles über ihre Geschichte und die feinen Unterschiede zwischen Maaren, Calderen und Kratern. Und hier findet er auch eine der größten archäologischen Sensationen der Eifel: das vollständige versteinerte Skelett einer trächtigen Urpferdstute, 1991 entdeckt im nahen Eckfelder Maar.

Wer jedoch den Geist der original Fundstelle atmen möchte, der hat eine schwierige Tour vor sich. In Manderscheid weiß kaum jemand, wie man zum Eckfelder Maar kommt. Und selbst die Eckfelder haben Mühe, den Weg zu erklären. Denn im Gegensatz zu seinen etwas weiter östlich gelegenen Brüdern, dem Holz- und Pulvermaar, ist das Eckfelder weitgehend unbekannt. Das hängt nicht zuletzt mit seiner Abgelegenheit irgendwo im waldreichen Niemandsland zwischen Eckfeld und der Lieser zusammen; und natürlich auch damit, dass der einstige See längst verlandet ist. Dennoch hat es dieses moorige Rund in sich.

Das Eckfelder Maar ist mit rund 44 Millionen Jahren das älteste der ganzen Eifel. Tropisch, feucht und heiß war es hier einst. Heute ist es im Maarkessel vor allem schlammig. Stufenförmige Abraumhalden zeugen von körperlicher Arbeit im Dienste der Wissenschaft. Schon 1987 machten sich die Archäologen des Naturhistorischen Museums in Mainz an erste Grabungen, und sie wurden schnell fündig. Neben dem »Eckfelder Urpferdchen«, wie es bald genannt wurde, stieß man hier inzwischen auf die Überreste von 27 weiteren Säugetierarten. Dazu zählen sowohl mächtige Urtapire als auch vier verschiedene Sorten von Primaten – als Halbaffen direkte Vorfahren des Menschen. Wie ihre Überbleibsel, so fand auch die bislang älteste Honigbiene der Welt nach 44 Jahrmillionen ihren Weg vom Eckfelder Maar ins Museum. Zurück wird es allerdings schwierig.

Adresse Maar: 54531 Eckfeld, Museum: Wittlicher Straße 11, 54531 Manderscheid, www.maarmuseum.de | Anfahrt Zur Grabungsstelle gelangt man ab dem versteckten Parkplatz Eckfelder Trockenmaar, dessen genaue Lage man am besten in Eckfeld erfragt. Vom Parkplatz sind es dann noch circa 30 Minuten Fußmarsch entlang dem Pellenbach. Das Museum liegt zentral in Manderscheid. | Öffnungszeiten Museum: Di–So 14–17 Uhr. Die jeweils aktuellen Grabungsstellen im Maar dürfen nicht betreten werden. | Tipp Ein mammutgroßes, jedoch steinernes Relikt vulkanischer Umtriebe ist die Lavabombe von Strohn (siehe Seite 210).

34 Die Wüstung Wollseifen

Ein verwunschenes Dorf auf der Dreiborner Hochfläche

Versteckt an einem Seitenpfad steht noch das kleine Trafotürmchen von 1923. Als 18 Jahre zuvor die neugebaute Urfttalsperre Wollseifener Felder geflutet hatte, wollte die Betreibergesellschaft zum Ausgleich Strom ins Dorf bringen. Aber die Bauern lehnten fluchend ab – das sei »Teufelszeug«. Erst die nachfolgende Generation, der modernen Technik deutlich zugewandter, schloss Wollseifen schließlich ans Netz an.

Lange sollte man sich hier jedoch nicht am neuen Luxus erfreuen. Wollseifen liegt unweit der Nazi-Trutzburg Vogelsang und war dementsprechend stark umkämpft. Im Winter 1944/45 wurde das Dorf zerbombt, die Bevölkerung floh in die Umgebung. Kaum zurückgekehrt, wartete jedoch das nächste Unheil auf diesen verwunschenen Ort. Im August 1946 erklärten die Briten das Areal zum militärischen Sperrgebiet. 115 Familien, insgesamt 550 Menschen, wurden aus ihrer Heimat vertrieben und Wollseifen zum Truppenübungsplatz. Ohne Sinn und Verstand probte die Royal Army hier für den nächsten Krieg und zerstörte alles, was nicht niet- und nagelfest war. Als 1947 die Kirche völlig ausbrannte, gaben die Wollseifener ihre letzten Hoffnungen auf.

Heutzutage empfängt einen dieses Dorf mit einer eigenartigen Atmosphäre. Die Reste des Schulhauses, die Ruinen und Trümmer ringsum wirken weniger morbid als erwartet. Vielleicht liegt das daran, dass hier nun endlich wieder zivile Verhältnisse herrschen. Rührend auch, dass alte Wollseifener mit der Restaurierung der kleinen Kapelle am Dorfeingang ein lebendiges Zeichen setzten. Irritationen löst hingegen das Dutzend im Rohbau belassener Häuser aus, das sich direkt gegenüber der Kirche um den Hügel streut. Sollte hier doch noch einmal jemand versucht haben, Menschen anzusiedeln? – Nein, in diesen Neubauten trainierten die Belgier, Nachfolger der Briten, bis 2005 den Häuserkampf. Denn vom alten Wollseifen war ja nichts mehr übrig.

Adresse Die nächsten Ortschaften sind 53937 Morsbach (östlich) und 52152 Einruhr (westlich), www.foerderverein-wollseifen.de. | **Anfahrt** Vom Burg-Vogelsang-Parkplatz an der B 266 sind es 1,6 Kilometer Fußweg bis nach Wollseifen. | **Tipp** Von der Wüstung aus führt ein hübscher Weg ins Neffgesbachtal und hinauf zur Burg Vogelsang.

35 Das Weiberdorf

Clara Viebig und die Emanzipation

Als Clara Viebigs Roman »Das Weiberdorf« 1900 erschien, war der Aufruhr groß. Die Frauen von Eisenschmitt sollen mit Mistgabeln bewaffnet und Todesflüchen auf den Lippen gegen die Schriftstellerin aufmarschiert sein. Diese erzählte später, sie habe das Buch eigentlich mit einem Dauerschmunzeln geschrieben. Aber noch 1990, als in Eisenschmitt der Dorfbrunnen mit Motiven ihrer Geschichte eingeweiht wurde, hagelte es Proteste aus der Bevölkerung. – Und warum das Ganze?

Die kleine Ortschaft Eisenschmitt ist in Viebigs Werk als »Eifelschmitt« nur vage getarnt. Tatsächlich konnte man hier gegen Ende des 19. Jahrhunderts von einem Weiberdorf sprechen. Denn weil die Bergwerke der Eifel der Konkurrenz nicht mehr standhielten, verdingten sich die Eisenschmitter in den Stahlwerken und Kohlegruben des Ruhrgebiets. Die Frauen blieben zurück, hüteten das Vieh und bestellten die Felder. Nur alle paar Monate – bei Viebig zwei Mal im Jahr – kamen die Männer auf Urlaub nach Hause.

Was die in Trier geborene Autorin nun aus dieser Geschichte macht, ist ein Stück expressiv-naturalistischer Literatur. Vordergründig kommen die Frauen von Eisenschmitt dabei nicht besonders gut weg: Wie die Krähen hacken sie einander die Augen aus, und der Männermangel zeitigt eine frivole, manchmal ins Vulgäre abgleitende Lebenslust. Andererseits wird hier mit tradierten Rollenbildern gebrochen. Wegen der sexuellen Offensivität der Frauen empörte man sich auch in Kirchenkreisen auf das Äußerste.

Was Viebig darüber hinaus mit ihrem Roman veranschaulicht, ist die bittere Armut dieses Landstrichs um die Jahrhundertwende. Ewig lange Winter, elend zugige Häuschen, verschlammte Wege und als einzige Zufluchtsstätten die Kirche und das Wirtshaus. Wer heute Eisenschmitt besucht, eingeschnitten ins enge Tal der Salm, kann sich mit Viebigs Roman im Gepäck ein gutes Bild vom damaligen Dasein machen.

Adresse 54533 Eisenschmitt, www.eisenschmitt.de | **Anfahrt** A 1 bis Ausfahrt Manderscheid, dann über Manderscheid und Bettenfeld nach Eisenschmitt | **Tipp** Weitere Informationen zu Eisenschmitt und Clara Viebig findet man im Clara-Viebig-Zentrum direkt neben dem Dorfbrunnen (www.clara-viebig-zentrum.de).

36 Der Felsenweiher

Die Therme vom Gutenbachtal

Wer jemals hier vorbeikam, wird bestätigen: Der Felsenweiher bei Ernzen ist ein absolut einzigartiges Kunstwerk. Und schon bei diesem Wort kann man ins Stolpern geraten. Schließlich sieht man hier nur Natur, wo also sollte die Kunst, die intellektuelle Gestaltung versteckt sein?

Erschließt man sich dieses wunderbar romantische, verspielte Areal vom Parkplatz her, stößt man jedoch schnell auch auf menschliche Spuren. Wir befinden uns hier an der Südostwand des Gutenbachtals. Die Sandsteinformation verdankt sich den Ablagerungen des Liasmeeres, das vor 190 Millionen Jahren gegen die Ufer der Anhöhen plätscherte. Hier bei Ernzen hinterließ das Wasser bei seinem Rückzug einen extrem zerklüfteten Felszug. Unter anderem bildete sich am Taleingang ein rund 200 Quadratmeter großer, rundum von Felsen abgeschlossener Krater heraus. Und der brachte den Ernzener Pfarrer Philipp Meyer um die Mitte des 19. Jahrhunderts auf eine Idee. Er träumte von einem Karpfenteich, und seine Tatkraft hinkte seiner Phantasie keinen Deut hinterher. Zugute kam ihm die allgemeine Armut seiner Schäfchen, die ihm die Arbeitskräfte geradezu in die Hände trieb. In der Folge wurde also eine 300 Meter entfernte Quelle angezapft und in das von Meyer avisierte Bassin umgeleitet. Die dörflichen Arbeiter legten Terrassen, umlaufende Brückenwege und Ruhegrotten an. Mehrere Höhlen auf halber Höhe mutierten zu geräumigen Naturbadewannen mit eigener Wasserzuleitung. Das gesamte Ensemble erweckt den Eindruck einer römischen Therme in Eifeler Ausführung – zurück zur Natur à la Ernzen, und wenn gleich irgendwo eine Meerjungfrau auftaucht, wundert sich auch niemand.

Seit 2008 schmückt ein kleiner Springbrunnen den Weiher. Der 1868 verstorbene Pfarrer Meyer wäre sicher begeistert, auch wenn sein eigentlicher Plan letztlich schiefgegangen ist. Denn das mit den Karpfen, das wurde nichts.

Adresse 54668 Ernzen, www.ernzen.de | **Anfahrt** von der B 257 Richtung Ernzen/Ferschweiler, am Ortseingang links dem Hinweisschild folgen | **Tipp** Nahebei liegt die spektakuläre Teufelsschlucht (siehe Seite 82).

37_Die Teufelsschlucht

Ein eiszeitlicher Spalt von 28 Metern

»Das sieht hier aus wie im Phantasialand«, entfährt es immer wieder einem der Kinder, die die Teufelsschlucht besuchen. Aber was sie da vor sich haben, ist nicht aus Pappmaschee, sondern echt. Es war das sogenannte Liasmeer, das vor 190 Millionen Jahren weite Landstriche der Region bedeckte. Wo es an Ufer stieß, lagerte es festes Material ab, das sich allmählich zu Sandstein verhärtete. Von der Talseite her sieht man diesem leicht wellig vor- und zurückspringenden Felsenriff seinen maritimen Ursprung durchaus noch an.

Die spektakuläre Schlucht hingegen ist ein Produkt »unserer Tage«, sie entstand während der letzten Eiszeit vor rund 12.000 Jahren. Ein Teil des Untergrundes sackte ab und zerriss die Felswand auf einer Länge von 300 Metern. Zurück blieb ein bis zu 28 Meter hoher Spalt, in dem sich die Welt schlagartig verdüstert, sobald man eintritt. Auch das Klima scheint zu wechseln – hier unten ist es stets deutlich feuchter und kühler als oben. Zu einem echten Abenteuer wird die Expedition durch die Verwerfungen innerhalb des Durchganges. Da klemmt mal ein tonnenschwerer Brocken scheinbar nur lose in 15 Metern Höhe über den Köpfen. Ein paar Meter weiter müssen diese eingezogen werden, weil es durch eine geduckte Höhle geht. Und weiter hinten wird die teuflische Schlucht schließlich so eng, dass ein Sumo-Ringer hier notgedrungen umkehren müsste. Zahlreiche weitere Felsspalten und Kletterpassagen am talseitigen Ausgang runden das Fitnessprogramm ab.

Für die Bildung wiederum lohnt sich ein Besuch des Naturparkzentrums Teufelsschlucht. Hier erschließt sich anhand von 3-D-Modellen die Geologie der Region, ergänzt durch zahlreiche archäologische Fundstücke. Sehr schön: der handwerklich perfekte Nachbau einer steinzeitlichen Steinbohrmaschine. Wer zu Hause gern den Heimwerker gibt, wird sich ganz bestimmt auch an diesem rein manuellen Gerät versuchen.

Adresse Ferschweilerstraße 50, 54668 Ernzen, www.teufelsschlucht.de | **Anfahrt** von der B 257 Richtung Ernzen/Ferschweiler und dann den Schildern gen Teufelsschlucht folgen | **Öffnungszeiten** Naturparkzentrum: April–Okt. 11–18 Uhr | **Tipp** Ein weiteres steiniges Spektakel bietet die Felsenklause von Echternacherbrück (siehe Seite 72).

38 Die Hexenkreuze

(Aber-)Glaube auf dem Land

Der ab dem 16. Jahrhundert grassierende Hexenwahn fiel in der Eifel auf besonders fruchtbaren Boden. In den engen Tälern lebte man wie »hinter dem Mond«, und entsprechend begrenzt war auch der Horizont der Bevölkerung. Starb also das Vieh oder verdorrte das Getreide, mussten Hexen und Zauberer dahinterstecken. Historiker führen zudem an, dass ab 1555 die Geburtenrate auffällig sank und die vermutete Unfruchtbarkeit ebenfalls den dunklen Mächten zugeschrieben wurde. Viele tausend Menschen, die meisten von ihnen Frauen, starben, oft nach schlimmen Folterungen.

Auf dem Escher Dorfplatz erinnert ein Sühnekreuz aus dem frühen 19. Jahrhundert an die elf lokalen Opfer. Einer der Verurteilten war der Pfarrer Peter Hildebrand, der wiederum in einem historisch etwas unklaren Zusammenhang zum Afelskreuz an der Straße gen Jünkerath steht. Hildebrand, so liest man, wurde 1630 hingerichtet, und aus demselben Jahr stammt dieses Mahnmal. Initiator sei hier ebenfalls der Dorfpfarrer gewesen, der auch noch so ähnlich hieß wie sein ermordeter Vorgänger, nämlich Hilger Hildenbrand. Einerseits soll das Afelskreuz (Ablasskreuz) allgemein an die Hexenverbrennungen erinnern. In anderen Schriften ist hingegen von einem Peter Hillebrand die Rede, der von 1621 bis 1627 Pfarrer zu Esch gewesen sei. Öfter sei er zu mehr Anstand ermahnt worden, habe aber nicht von seinen Liebschaften lassen können und obendrein drei uneheliche Kinder gezeugt. Schließlich habe man ihn auch noch dabei beobachtet, wie er auf einem Pferd durch die Luft von Alendorf nach Esch geritten sei. Und das war dann sein Todesurteil, Hillebrand/Hildebrand wurde als »Hexenmeister« verbrannt. Um die Saat auch wirklich komplett auszurotten, sah sich der zuständige Erzbischof zu einer weiteren drastischen Maßnahme genötigt: Alle vom unzüchtigen Pfarrer getauften Schäfchen mussten – im Dienste ihres ewigen Heils – die Zeremonie wiederholen.

Adresse Hauptstraße (K 79) und Jünkerather Straße (K 67), 54585 Esch, www.obereskylltal.de | **Anfahrt** von der B 421 auf der Höhe Jünkerath nach Esch | **Tipp** Besonders schlimm grassierte die Hexenverfolgung auch in Neuerburg (siehe Seite 178). In der Nähe der dortigen Burg liegt der sogenannte Hexentanzplatz.

39 Die Fresken von St. Luzia

Der Malerpfarrer und sein Lebenswerk

Irgendetwas ist anders in dieser Kirche. Natürlich hat man schon einmal sakrale Fresken gesehen. Aber hier in der Eifel? In dieser Vollständigkeit? – Die Lösung des Rätsels hängt mit dem Alter der Malereien zusammen. Die sind nämlich noch jung genug, um weder abgeblättert noch verblasst daherzukommen.

Den alten Taufstein soll einst schon der in der Eifel so beliebte heilige Willibrord (658–739) benutzt haben. St. Luzia I. war immerhin romanischen Ursprungs, die heutige Pfarrkirche jedoch wurde erst 1869 errichtet. Und die überwältigende Farbenpracht stammt im Wesentlichen aus der Zeit zwischen 1906 und 1921. 15 Jahre lang kletterte und kroch der damalige Pastor Christoph März mit Pinsel und Farbe durch sein Gotteshaus. Was dabei entstand, erinnert an ein biblisches Bilderbuch.

Der Analphabetismus mag seinerzeit nicht mehr so weit verbreitet gewesen sein wie im Jahrhundert davor. Dennoch war es das Bestreben von März, seinen Schäfchen visuellen Anschauungsunterricht in Glaubensdingen zu geben. Wegen mancher humoriger Details spricht man vor Ort gern von einer »Heilsgeschichte im Eschfelder Dialekt«, die hier über die Wände wandert. Jedenfalls arbeitete er mit kräftigem Pinsel, der Pfarrer, weder klassizistisch-kopierend noch naiv oder modernistisch. Und so tief, wie er in den Farbeimer griff, so entschlossen drang er damit in jeden hintersten Winkel der Kirche vor. Während die Seitenwände von überlebensgroßen Aposteln bewacht werden, findet sich links des Altars eine kleine Ahnenreihe der Eschfelder Pastoren ab Einweihung des Neubaus. Die Decke wiederum wird von den Propheten des Alten sowie den Evangelisten des Neuen Testaments ausgefüllt. Während jedoch die Nachwelt sich bis heute der Gemälde erfreut, war ihrem Schöpfer kein langer Genuss vergönnt. Christoph März fiel 1931 beim Ausmalen seines Pfarrhauses vom Gerüst und starb an den Folgen des Sturzes.

Adresse Kirchweg, 54619 Eschfeld, www.eschfeld.de | **Anfahrt** über die B 410 bei Irrhausen nach Eschfeld abbiegen | **Öffnungszeiten** Die Kirche ist tagsüber geöffnet. | **Tipp** Sehr schöne – mittelalterliche – Kirchenmalereien findet man auch in der Stiftskirche von Münstermaifeld (siehe Seite 164).

40 Die Ettringer Lay

Lustwandeln im Lavastrom

Wer durch diese Grube wandert, befindet sich eigentlich mitten in einem Lavastrom. Als vor 200.000 Jahren der Bellerberg-Vulkan ausbrach, füllte er mit seiner alles versengenden, alles verschlingenden Kraft auch ein kleines Tal südlich des heutigen Ettringen auf. Es wirkt wie eine Ironie der Geschichte, dass der Mensch sich in mühevoller Arbeit daran machte, diese historische Vertiefung wiederherzustellen. Aber was der Vulkan nach wochenlangem Spotzen hinterließ, war ein ausgesprochen wertvolles Produkt: Basaltlava. Und so begann man in der zweiten Hälfte des 19. Jahrhunderts mit dem Abbau des dunklen Gesteins.

Verwaiste Kransockel, verrostete Grubenkräne und Gleise, die ins Nichts führen – überall finden sich Spuren des einstigen Tagebaus in der Lay. Im Talgrund wächst mittlerweile ein junger Birkenwald heran, aber seine Ausmaße liegen noch immer offen zutage. Über 30 Meter hohe Steilwände umspannen einen Kessel von gut 150 Metern Durchmesser. Wo früher unter Lebensgefahr malocht wurde, suchen heute Hobbykletterer den Nervenkitzel.

Rund drei Millionen Kubikmeter Basalt wurden hier gewonnen, die Ettringer Lay wurde beinahe bis zur Gänze ausgebeutet. Bis heute jedoch erkennt man an den Überbleibseln die charakteristische Form der Basaltsäulen. Im Laufe des Abkühlungsprozesses entwickeln sie eine breite Basis, die sich nach oben hin stetig verjüngt. Dementsprechend arbeiteten die Layer (= Steinbrecher) auch von oben nach unten. Anfangs mit rein mechanischen Mitteln wurde der Basalt gebrochen, um schließlich zu Tal zu stürzen. Die Methode hatte den zusätzlichen Vorteil, dass der Brocken beim Aufprall sein »wahres«, »inneres« Gesicht preisgab. Durch Fremdgestein oder sonstige Einschlüsse geschädigte Säulen zerbarsten. Gesunde hingegen hielten stand und konnten somit auch zu größeren, wertvolleren Werkstücken verarbeitet werden.

Adresse 56729 Ettringen, www.ettringen.de | **Anfahrt** A 61 bis Ausfahrt Wehr. Die Lay liegt südlich von Ettringen an der L 82 Richtung Mayen. | **Tipp** Weitere vulkanische Highlights der Region sind unter anderem das Abbaugebiet Kottenheimer Büden und der Blick vom Bellerberg (siehe auch www.vulkanpark.com).

41 Das Fraubillenkreuz

Ein 5.000 Jahre alter Menhir

Das Ferschweiler Plateau ist eine ausgedehnte Sandstein-Hochebene in der südwestlichen Eifel, sie bildet das Pendant zur Luxemburgischen Schweiz auf der anderen Seite der Sauer. Höhe und Höhlen sorgten gleichermaßen dafür, dass das Gebiet schon sehr früh und intensiv besiedelt wurde. Und direkt hinter dem kleinen Ort Ferschweiler stößt man auf einen alten Zeugen dieser Historie: das Fraubillenkreuz.

Sein Schöpfer Willibrord (658–739) war ein irischer Mönch und wandernder Christianisierer. Neben dem prachtvollen Kloster in Echternach zeugen in der Eifel Dutzende ihm gewidmeter Kirchen vom durchschlagenden Erfolg seiner Missionsarbeit. Besonders genau soll er es auch auf dem Ferschweiler Plateau mit der Heidenbekehrung genommen haben. Um den Unglauben auszurotten, knöpfte er sich eines seiner Symbole vor, einen über vier Meter hohen Menhir. Wo die Kelten ihren Kulten huldigten, dort ging Willibrord – der Sage nach – mit Hammer und Meißel zu Werk. Und so wurde aus dem damals rund 4.000 Jahre alten Langstein das Fraubillenkreuz.

Der Name des inzwischen recht windschiefen Steines ist nicht ganz geklärt. Möglicherweise stecken da die Keltenwörter fra (= Herrin) und bhilo (= gut, freundlich) drin. Für 1617 ist allerdings die Bezeichnung »Sybillen-Creutz« belegt. Offensichtlich ist wiederum, dass der historische Steinmetz bei seiner Transformation ganze Arbeit leistete. Auf einem zuweilen als weiblich-fruchtbar gedeuteten Unterbau steht seit jener Zeit ein ziemlich klappsymmetrisches Kreuz. Dessen waagerechte Flucht wird vorn wie hinten von einer Nische unterbrochen, die einst eine Heiligenfigur beherbergte. Die umlaufenden Löcher belegen interessanterweise, dass jene von einem Gitter geschützt wurden. Auch Willibrord und seine christlichen Genossen fürchteten also offenbar, dass hier jederzeit neue Andersgläubige zur Umwertung aller Werte schreiten könnten.

Adresse 54668 Ferschweiler, www.ferschweiler.de | **Anfahrt** Von der L 1 westlich von Echternacherbrück gen Norden nach Ferschweiler. Das Fraubillenkreuz liegt nordwestlich von Ferschweiler im Wald (Wanderweg A 33). | **Tipp** Auf dem Ferschweiler Plateau finden sich mindestens zwei weitere Menhire: der Druidenstein (Weg 34) und der Langenstein (Weg 20).

42 Die Schmetterlingssammlung

Flatterwesen im Naturkundemuseum

Kaum ein Ort wäre besser geeignet für ein Naturkundemuseum als Gerolstein. Die Heimstadt der berühmten Mineralquelle ist umgeben von spektakulären vulkanischen Gesteinsformationen, den »Gerolsteiner Dolomiten«. Felsen wie die Munterley entstammen einem Urmeer, und in der dortigen Buchenhöhle suchten bereits die Steinzeitjäger Schutz. In den letzten Jahrhunderten wiederum sind es eher die Paläontologen, die Gerolstein in seinen Bann zieht. Schon das Museumsgebäude ist eine Besichtigung wert, stammt es doch in seiner Grundsubstanz von 1710. Lange Zeit Amtssitz des Bürgermeisters, dient es seit 1987 der Naturerkundung. Naheliegend, dass man sich hier zunächst mit der Vulkano- und Mineralogie befasste. 1996 jedoch wurde das Museum um eine Abteilung zur Eifeler Archäologie erweitert. Ein separater, kindgerecht aufbereiteter Ausstellungsbereich ist außerdem dem Wald gewidmet.

Eine romantische, vielleicht auch gruselige Überraschung hält ein kleiner Raum unter dem Dach für den Besucher bereit. Wie die Taubenzüchter aussterben, so die Briefmarken- und Schmetterlingssammler. Auch der alteingesessene Gerolsteiner Martin Krämer fand 1996 niemanden in seinem Umfeld, der sich um seine umfangreiche Kollektion von Flatterwesen kümmern wollte. Über die Jahrzehnte hatte der passionierte Lepidopterologe rund 1.500 Schmetterlinge zusammengetragen, aufbewahrt in 49 Glasvitrinen. Zu den einheimischen Arten zählt unter anderem der in der Eifel seltene Apollo, der normalerweise in höheren Lagen und viel weiter südlich anzutreffen ist. Daneben präsentiert die Krämer'sche Sammlung aber auch Exoten mit Flügelspannweiten bis zu 25 Zentimetern. Zusammen mit zahlreichen Nachtfaltern und Käfern schmücken sie diesen im wahrsten Sinne kunterbunten Raum, der seltsamerweise zugleich wirkt wie aus grauer Vorzeit hinübergerettet.

Adresse Hauptstraße 72, 54568 Gerolstein, www.nkm-gerolstein.de | **Anfahrt** Gerolstein liegt an der B 410 zwischen Nürburgring und Prüm. | **Öffnungszeiten** April–Okt. Do–Di 13–16, So 11–16, Nov.–März Sa 13–16, So 11–16 Uhr | **Tipp** Die Gerolsteiner Sprudelfabrik unten an der Kyll bietet tägliche Führungen an (www.gerolsteiner.de).

43_Die Todesfabrik

Giftiges Erbe des Ersten Weltkriegs

Der Mann vom Kampfmittelräumdienst erzählte von seinen prekärsten Momenten: »Einmal war es sehr aufregend, als flüssiger Kampfstoff aus einer Granate austrat.« Und der Präsident der Aufsichts- und Dienstleistungsdirektion Trier weiß von abgelösten Hautlappen an den Füßen zu berichten, nachdem er mit löchrigen Gummistiefeln über das Gelände gestapft war. Die Rede ist hier von der ehemaligen Munitionsfabrik Espagit. Fünf Jahre lang, von 1915 bis 1920, wurden im Niemandsland zwischen Kehr und Hallschlag Kriegsmittel produziert, darunter Unmengen von Giftgasgranaten. Der Erste Weltkrieg hatte das Feld geebnet für diese perversen Waffen, und in der Wüstenei an der belgischen Grenze dauert er gewissermaßen bis heute an. Denn im Mai 1920 explodierte diese riesige Fabrik, 13 Hektar Land wurden kontaminiert.

Nach der Katastrophe tat sich erst einmal über 70 Jahre lang nichts. Bis in die 1990er hinein war man mehr oder weniger einhellig der Meinung, dass dieses Terrain bis ans Ende aller Tage nicht mehr betreten werden könne. Ein abgesperrter Todesgürtel zog sich mitten durchs Hohe Venn. Erst 1997 machte man sich auf der Grundlage einer Ministerratsentscheidung an die Dekontaminierung zumindest der Oberfläche. In den folgenden beiden Dekaden wurden daraufhin über fünf Tonnen Sprengstoff, 36 Tonnen Zündladungen, 56 Tonnen Munitionsteile und mehr als 6.000 Granaten und sonstige Sprengkörper geborgen. Eine Erde- und Pflanzendecke sowie ein darunter verlegtes Drahtgeflecht sollen den direkten Menschenkontakt mit dem belasteten Boden verhindern. Und über das sogenannte Rigolensystem wird darüber hinaus das Sickerwasser abgefangen und anschließend gefiltert. Offizielle Seiten zeigen sich zufrieden mit den Ergebnissen. Fragt man jedoch die Bevölkerung, ob der Umwelt hier Genüge getan worden sei, so hört man eher: »Wer‘s glaubt, wird selig.«

Adresse 54611 Hallschlag, www.hallschlag.de | Anfahrt B 265 bis ins kleine Dorf Kehr. Von dort führt eine schmale, nicht ausgeschilderte Straße gen Hallschlag. Nach wenigen hundert Metern liegt das belastete Gelände zur Rechten, zu erkennen an den Umzäunungen. | Tipp Einen historischen Überblick zur Geschichte des Espagit-Werkes findet man unter www.wisoveg.de/rheinland/histo/eifelbhn/his-eif9.htm.

44 Die Säuerlinge

Zwei sehr gegensätzliche Quellen

Der Meulenwald wurde vom Bund Deutscher Forstleute (BDF) zum »Waldgebiet des Jahres« 2012 gekürt. Die in diesem Jahr erstmals verliehene Auszeichnung soll der biologischen Vielfalt einer Region gelten und den Blick der Menschen für ihre Umwelt schärfen. Die Ortschaft Heckenmünster, am Rande des Meulenwalds gelegen, wirft dabei zwei beeindruckende Pfunde mit in die Waagschale: die sogenannten Säuerlinge, zwei kohlensäurehaltige Quellen. Nah beieinander liegen sie, wie Geschwister, und doch könnten sie unterschiedlicher nicht sein.

Knapp einen Kilometer südwestlich des Dorfes, mitten im Wald, stößt man zunächst auf die Viktoriaquelle. Ein Blick ins gemauerte und beschieferte Quellhäuschen offenbart ein wildes Gesprudel. Ein wenig schlammig wirkt dieser Born, und der metallhaltige Untergrund hat das feuchte Nass rostbraun eingefärbt. Aber der zunächst abweisende Anschein trügt: Dieses Wasser ist bedenkenlos genießbar, früher wurde es sogar abgefüllt und verkauft. Hundert Schritte weiter westlich hingegen präsentiert sich alles genau umgekehrt. Der sogenannte Wallenborn entlässt glasklares Wasser an die Oberfläche. Aber wer sich über den vergitterten Brunnenschacht beugt, hält schnell den Atem an. Dieser Quell ist schwefelhaltig und stinkt wie der Leibhaftige persönlich.

Die Quellen wurden bei Forstarbeiten 1966 wiederentdeckt. Wer heute durch diese Waldeinsamkeit marschiert, ahnt nicht, wie es hier in der Antike aussah. Andererseits weiß ein jeder: Die Römer waren nicht dumm und wussten die Annehmlichkeiten der Natur zu schätzen, gerade im für sie so abweisenden, kalten Germanien. Deshalb befand sich im 2. und 3. Jahrhundert rund um die Säuerlinge eine ausgedehnte römische Wellnessoase samt Tempelanlagen. Und das Zentrum dieses Heiligtums war nicht die Viktoria-, sondern die Schwefelquelle. Die nämlich nahm man nicht zum Durstlöschen, sondern – in Maßen – als Medizin ein.

Adresse 54518 Heckenmünster, www.heckenmuenster.com | **Anfahrt** A1 bis Ausfahrt Salmtal. Am besten folgt man dem Sträßchen von Heckenmünster nach Erlenbach, dort finden sich Hinweisschilder. | **Tipp** Der schweflige Wallenborn ist nicht zu verwechseln mit dem »Brubbel« von Wallenborn (siehe Seite 212).

45_Das Jugendstil-Kraftwerk

Stromerzeugung an der Rur

Einst vereinigten sich hier lediglich zwei kleine Flüsse. Aus dem Hohen Venn bei Monschau kommt die Rur, zur Unterscheidung von ihrem großen Namensvetter im Norden auch Eifelrur genannt. Und in der Nordeifel bei Schmidtheim entspringt die Urft, um sich nach einem ausgedehnten Ostbogen doch noch über Nettersheim und Kall gen Nordwest zu schlängeln. Seit in der ersten Hälfte des 20. Jahrhunderts beide zu Seen aufgestaut wurden, lagert hier ein Wasservolumen von 265 Millionen Kubikmetern.

Genutzt werden diese Massen nicht zuletzt zur Stromerzeugung, und so schön wie die Seenlandschaft kommt auch das Heimbacher Kraftwerk daher. Dabei weiß man nicht einmal genau, wer dieses auffällige Jugendstil-Gebäude aus dem Jahr 1905 entworfen hat. Man vermutet, es sei dem Aachener Architekten Georg Frentzen zuzuschreiben, der 1894 bereits für das neue Empfangsgebäude des Kölner Hauptbahnhofs verantwortlich gezeichnet hatte. Die Rundungen der Fenster korrespondieren mit denen der Turmöffnungen und dem geschwungenen Dach. Im Inneren fällt die großzügige Ausstattung mit Marmor und Mahagoni ebenso ins Auge wie die durchweg aus Messing gefertigten Schalter. Technikfreunde werden auch die beiden Francis-Turbinen bewundern, die hier bis 1975 im Einsatz waren.

Das Heimbacher Kraftwerk liegt zwar an der Rur, wird aber auch Urftkraftwerk genannt. Denn ihren Antrieb verdanken die Turbinen dem vom Urftstausee ausgehenden Kermeterstollen. Über 2,7 Kilometer wird das Wasser durch den Berg getrieben und verkürzt so die 28 Kilometer, die sich der Fluss ums Gebirge windet. 110 Meter über dem Kraftwerk fließt es schließlich in die zwei im Steilhang sichtbaren Druckrohre und erreicht so ein für Mittelgebirge beachtliches Gefälle. Bei seiner Einweihung das größte Wasserkraftwerk Europas, werden hier heutzutage 25 Millionen Kilowattstunden pro Jahr erzeugt – genug für 7.800 Haushalte.

Adresse 52396 Heimbach, www.heimbach-eifel.de | Anfahrt von Heimbach auf der L 218 nach Hasenfeld, dort links ab auf die Kleestraße bis hinunter zur Rur | Öffnungszeiten Besichtigung nur nach Voranmeldung: www.rureifel-tourismus.de | Tipp In Heimbach (Karl-H.-Kriescher-Platz 1) findet man ein sehr empfehlenswertes Wasserinfozentrum (www.wasser-info-zentrum-eifel.de).

46_Die ArsTecnica

Verschlungene Modelleisenbahn-Landschaften

Wo die B 421 auf die B 265 trifft, ist Deutschland zu Ende. Bis 1993 ein regulärer Grenzübergang, wirkt das Gelände heutzutage zerfasert. Ein riesiger Supermarkt fällt ins Auge, aber schnell auch jener altertümliche Bus auf der gegenüberliegenden Straßenseite. Er bewacht das ehemalige Zollamt, das – welch eine Überraschung in dieser unwirtlichen Umgebung – eine der größten und schönsten Modelleisenbahnlandschaften Europas birgt.

Die Geschichte der ArsTecnica begann 1912, als der Bahnhofsvorsteher Gustav Prömper die neue Schienenstrecke ab Losheim eröffnete. Prömpers Begeisterung für Eisenbahnmodelle übertrug sich auf seine Nachfahren, sodass inzwischen die vierte Generation an den Hebeln sitzt. Wer hier eintaucht, findet sich bereits nach wenigen Schritten in einem Labyrinth wieder. Wo immer man sich hinwendet, man gerät von einer Vitrine, von einer Nische, von einem geheimnisvollen Gang in den nächsten. Mal rauscht ein endlos langer Güterzug durch eine grandiose Gebirgslandschaft, mal taucht man ein in die Betriebsamkeit eines Hafenumschlagplatzes. Das europäische 19. Jahrhundert ist ebenso präsent wie der Zweite Weltkrieg, dessen Zerstörungen die Vorher-Nachher-Modelle eines Kleinstadtbahnhofs illustrieren. Und an der nächsten Ecke geht plötzlich das Licht aus, um eine Nachtfahrt zu simulieren.

Die Losheimer ArsTecnica ist das Produkt einer schier unglaublichen Fleißarbeit. Jeder einzelne Schaukasten, jede Naturkulisse, jedes Gebäude und jede Menschengruppe verweist auf filigrane Handarbeit. Über zwei Kilometer Gleise wurden hier verbaut, und ein Ende ist noch nicht abzusehen. Von den weit über 100 digital gesteuerten Zügen können jeweils 40 gleichzeitig unterwegs sein. Jeder einzelne von ihnen entspricht haargenau seinem historischen Vorbild. Und wer in Losheim mal muss, der landet wo? – Auf einer original Eifeler Bahnhofstoilette.

Adresse Prümer Straße 55, 53940 Hellenthal-Losheim, www.arstecnica.de | **Anfahrt** Losheim liegt an der B 267 direkt an der belgischen Grenze, das Museum direkt am ehemaligen Grenzübergang. | **Öffnungszeiten** Di–Fr 12–18 Uhr, Sa, So, Feiertage 10–18 Uhr | **Tipp** Die ArsTecnica ist Teil des Ardenner Cultur Boulevards, zu dem unter anderem auch die ArsKrippana und ArsFigura gehören (www.ardenner-center.net).

47 Die Langmauer

Antiker Ackerschutz an der Kyll

Manchmal wundert man sich, welchen Aufwand die Römer betrieben, um einen abgelegenen Landstrich wie die Eifel wirtschaftlich nutzbar zu machen. So fand man in Herforst östlich von Speicher die beiden einzigen Schrifttafeln einer seltsamen Mauer. Einst umschloss sie ein Gebiet von 220 Quadratkilometern und zog sich auf 72 Kilometern Länge beidseitig der Kyll in Nord-Süd-Richtung. Die Meißelungen belegen, dass der Bau in die Zeit des spätrömischen Kaisers Valentinian fällt, der zwischen 364 und 375 regierte. Aus welchem Grund dieses aufwendig gemörtelte Bauwerk errichtet wurde, erschließt sich hier jedoch nicht.

Vermutet wird, dass das ummauerte Gebiet eine kaiserliche Domäne sicherte, also eine ländliche Besitzung. Bleibt jedoch die Frage, wer hier davon abgehalten werden sollte einzudringen. Denn diese römische Langmauer war gerade einmal zwei Meter hoch und auch nur gut einen halben dick. Weil jegliche Fortifikation in Form von Gräben, Scharten oder Wachtürmen fehlt, geht ein Vergleich mit dem Limes in die falsche Richtung. Hier kann man sich nicht vor menschlichen Feinden gefürchtet haben. Stattdessen nimmt man heute an, dass die Anlage vor allem gegen Wölfe und Fresswildeinfall schützen sollte. Begründet wird die These mit den wertvollen Kalkböden innerhalb des Rings, die zu den fruchtbarsten der ganzen Umgebung gehören. Mehrere Villae Rusticae sollen demnach den Kaiserhof in Trier mit Feldfrüchten versorgt haben.

Reste der ehemaligen Befestigungsanlage findet man in Kordel und Butzweiler (Landkreis Trier-Saalburg). In Herforst wurde hingegen mit Originalsteinen ein rund 20 Meter langes Teilstück rekonstruiert. Darin vermauert sind ebenfalls die Abgüsse jener beiden römischen Bauinschriften. Und weil direkt daneben eine große Picknickbank samt alter Eiche steht, lohnt sich ein Zwischenstopp umso mehr.

Adresse 54662 Herforst | **Anfahrt** A 60 bis Ausfahrt Landscheid, dann über Binsfeld nach Herforst. Das Mauerstück liegt am südlichen Ortseingang direkt neben der L 46. | **Tipp** Von der rekonstruierten Langmauer zur original mittelalterlichen Stadtmauer gelangt man im nahen Dudeldorf (siehe Seite 68).

48 Die Bundesstelle für Fernmeldestatistik

Schlapphüte im Hohen Venn

Gerade noch streunte man durch ein Dorfidyll mit Fachwerk satt und hohen Buchenhecken, da steht man plötzlich vor einem Relikt des Kalten Krieges. Der stacheldrahtbewehrte Zaun, aufgehangen an nach außen abknickenden Betonpfeilern, erinnert an alte Grenzanlagen. Zusätzlich verhindert ein obenrum gezacktes Rolltor den unbefugten Eintritt. Abweisend und weit zurückversetzt: zwei flache Funktionsbauten. Fragt man sich in Höfen nach diesen beiden seltsamen Häusern am nördlichen Ortsrand durch, erntet man manchen unsicheren Blick. Einige Dorfbewohner scheinen noch immer nicht zu wissen, wen sie hier jahrelang beherbergt haben. Oder sie fühlen sich weiterhin zum Schweigen verdammt, weil es hier doch um etwas Geheimes ging. Denn an der kleinen Straße Heidgen, die von Höfen nach Monschau führt, residierte bis zum Jahr 2009 eine Abteilung des Bundesnachrichtendienstes.

Um der Sache einen offiziellen Anstrich zu geben, firmierte der Horchposten unter dem Label »Bundesstelle für Fernmeldestatistik« (BFSt). Noch 2011 stand genau das auch auf dem Klingelschild. Um Statistik ging es hier jedoch nur am Rande, und eine solche Institution existiert auch gar nicht – jedenfalls nicht im zivilen Bereich. Stattdessen, so wussten Eingeweihte, arbeiteten in Höfen bis zu 100 Bedienstete an der geheimdienstlichen Informationsgewinnung mit fernmeldetechnischen Mitteln. Genaues weiß niemand, aber angeblich kontrollierten die Schlapphüte von hier aus den Nachrichtenverkehr der ausländischen Botschaften in der ehemaligen Hauptstadt Bonn. Mehrere Antennenmasten standen zu diesem Zweck über das hoch gelegene Gelände verstreut.

Die Abhöranlagen sind fort, die Wiesen verpachtet. Wo früher die Lauscher aufgesperrt wurden, grasen nun Kühe. Aber nachts, so erzählen die Dörfler, geht beim BND noch immer das Licht an.

Adresse Heidgen, 52156 Höfen, www.hoefen.de | **Anfahrt** Höfen liegt an der B 258 südlich von Monschau. | **Öffnungszeiten** Das Gelände ist nicht zugänglich, aber gut einsehbar. | **Tipp** Der kleine Ortsteil Höfen ist zugleich ein Zentrum der Monschauer Heckenlandschaft (siehe Seite 160).

49 Der Hopfenhof

Holsthum statt Hallertau

Wer in Deutschland Hopfen sagt, denkt an die Hallertau. Schließlich werden in Zentralbayern 80 Prozent des deutschen Hopfens produziert, die insgesamt ein Drittel des Weltmarktes ausmachen. Aber auch in einem kleinen Dorf in der Eifel wächst diese seltsame Pflanze, die schon die Wikinger zum Bierbrauen verwendeten. Hopfen veredelt das Getränk durch seine Aroma- und Bitterstoffe, und er fördert die Steifheit des Schaums. Jenseits seiner brautechnischen Eigenschaften besticht der Hopfen durch sein schier unglaubliches Wachstum. Die Ranke schlingt sich um schlanke, entastete Stämme, die das Land wie ein Heer von Galgenbäumen überziehen. In diesen Stockgärten verbringt der Hopfen ab der Pflanzung Mitte April rund zweieinhalb Monate, um die begehrten Dolden auszubilden. In dieser Zeit klettert er bis auf eine Höhe von acht Metern, Fortschritte von 30 Zentimetern sind an der Tagesordnung. Kein anderes Kraut ist dem gewachsen.

»Hopfen braucht nasse Füße und einen warmen Kopf«, sagt der Bauer. Und in der Prümebene bei Holsthum bekommt er beides. Weil die Pflanze zur Fäulnis neigt, scheute man früher lange Transportwege. Also wurde stets vor Ort die Maische angesetzt: »Heute back ich, morgen brau ich«, singt das Rumpelstilzchen – so normal war das also. 1868 schlossen sich 386 Landwirte in Bitburg zum ersten Hopfenbauverein zusammen. Als um 1900 endlich Züge vom Rheinland bis Bitburg fuhren, wanderte der Holsthumer Hopfen vor allem in Kölner Braukessel. Und als die Felder nach dem Zweiten Weltkrieg brachlagen, waren es geflohene Sudetendeutsche, die den Betrieb wieder in Gang brachten. 1966 schließlich begann die alteingesessene Familie Dick mit dem Hopfenanbau, produziert wird exklusiv für die nahe Bitburger Brauerei. Auf 20 Hektar wächst Hopfen für rund 800.000 Hektoliter Bier, und seit 1977 sind die Dolden sogar adelig. Denn laut EU handelt es sich hier um echten »Siegelhopfen«.

Adresse Auf der Hütte 2, 54668 Holsthum, www.hopfenbauer.de | **Anfahrt** von Bitburg über die B 257 bis Wolsfeld und dort gen Holsthum | **Öffnungszeiten** Betriebsbesichtigungen nach Absprache, Tel. 06523/464 | **Tipp** Die Bitburger Brauerei hat eine museale »Marken-Erlebniswelt« eingerichtet, in der man restlos alles übers Bierbrauen erfährt (www.bitburger.de).

50_Das Ofen- und Eisenmuseum

Die heißeste Frau der Eifel

Theo Lukas ist einer jener privaten Sammler, die enormes Fachwissen mit Liebe zum Detail paaren. »Ich kaufe nichts, was ich nicht in der Hand gehabt habe«, lautet sein Wahlspruch. Und dementsprechend viel muss er reisen, um seine Ausstellung zu erweitern. Reiche Beute macht er trotzdem stets, und so quillt der historische Bauernhof, den er gemeinsam mit Ehefrau Brigitte führt, beinahe über vor Exponaten. Schon die Hofeinfahrt konfrontiert den Besucher mit historischen Gerätschaften en masse, und die an sich geräumige Werkstatt des Meisters schreit nach einem Anbau. Längst auch wurden Kuh- und Schweinestall umfunktioniert und dem Museum angegliedert.

Eigentlich reicht die Bezeichnung Ofen- und Eisenmuseum gar nicht mehr aus, um diese Sammlung zu beschreiben. Natürlich bilden historische Heizkörper noch immer das Grundgerüst – hier finden sich gusseiserne Prachtexemplare aus dem Schloss Weilerbach genauso wie ihre Vorgänger, die simpleren Takenöfen. Über die Jahrzehnte jedoch hat sich der Hüttinger Schatz zu einem regelrechten Heimatmuseum ausgeweitet. Am augenfälligsten wird dies im Obergeschoss, wo die Sammler eine komplette Kinderstube im Stil des frühen 20. Jahrhunderts eingerichtet haben. Aber die inzwischen über 20.000 Einzelstücke geben ebenso Auskunft über alle anderen Bereiche der Alltagskultur. Bügel-, Waffel- und Hostieneisen gehen einher mit Rasiermesserschärfern und Tabakschneidemaschinen. Überflüssig zu erwähnen, dass in Hüttingen sämtliche Geräte einwandfrei arbeiten. Und während »die heißeste Frau der Eifel« das Wahrzeichen des Dorfmuseums bildet, steht ein kleiner Stopfpilz aus dem Nähzimmer für die große weite Welt – wurde er doch nach dem Patent eines ehemaligen Bundeskanzlers und Erfinders gestaltet: Konrad Adenauer.

Adresse Am Römerberg 10, 54675 Hüttingen, www.ofen-und-eisenmuseum.de | Anfahrt von Bitburg auf die B 50 gen Westen, nach 10 Kilometern links über Mettendorf nach Hüttingen | Öffnungszeiten Ostern–Okt. Mi–So 14–18 Uhr, für Gruppen und Nov.–Ostern nach Vereinbarung unter Tel. 06566/8542 | Tipp Ein weiteres Eisenmuseum findet man in Jünkerath (www.vulkaneifel.de/eisenmuseumneu).

51 Das Grutenhäuschen

Totengedenken auf Römisch

Folgt man der Sauer auf ihrem Weg Richtung Mosel, dann gelangt man nach Igel. Berühmt wurde der kleine Ort durch die Igeler Säule, ein 23 Meter hohes Monument aus rotem Sandstein, das nördlich der Alpen seinesgleichen sucht. Errichtet wurde es zu Anfang des 3. Jahrhunderts von einer hier beheimateten Tuchmacherfamilie. Der klassische Grabpfeiler ist wunderbar erhalten, steht allerdings recht isoliert an der vielbefahrenen B 49. Die Römer hinterließen jedoch noch ein weiteres Kleinod, dessen Umgebung deutlich idyllischer daherkommt.

Auch das Igeler Grutenhäuschen verdankt seine Existenz ausgerechnet dem Tod. Man erreicht es auf einem etwa anderthalb Kilometer langen Spaziergang gen Westen. Immer durch die Weinberge geht es, links unten fließt die Mosel träge dahin. Mitten im Hang steht denn auch der antike Grabtempel. Im Gegensatz zur Säule wurde er über die Jahrhunderte mehrmals zerstört, original erhalten ist immerhin das Untergeschoss. In dem kleinen Gewölberaum wurden einst die Särge der Verstorbenen aufbewahrt. Diese Art der Bestattung wurde ab dem ausgehenden 3. Jahrhundert Usus unter Christen und Nicht-Christen, während die Igeler Säule noch aus der Zeit der Feuerbestattung stammt. Da man in der Nähe des Tempelchens weitere römische Gebäudereste fand, geht man davon aus, dass es zu einem luxuriösen Anwesen gehörte.

Seinen eigentlichen Chic erhält das Gebäude jedoch durch den rekonstruierten Aufbau, den ersten Stock sozusagen. Die von sechs weißen Säulen gerahmte Terrasse offeriert einen weiten Blick über das Moseltal, durch das sich einst die Heerstraße zur Kaiserresidenz Augusta Treverorum (vulgo: Trier) zog. Dahinter betritt man einen kleinen Raum, der dem Totengedenken gewidmet war. Während es hier früher also eher traurig zuging, wird der Tempel heutzutage für fröhlichere Anlässe genutzt. Im Grutenhäuschen kann man sich nämlich standesamtlich trauen lassen.

Adresse 54298 Igel, www.gemeinde-igel.de | **Anfahrt** A 1 bis Ausfahrt Trier, dann über B 51 nach Igel, Wanderweg beginnt an der ersten Spitzkehre der Straße Am Schleitberg | **Tipp** Römische Fundstücke aus Igel finden sich auch im Rheinischen Landesmuseum in Trier (Weimarer Allee 1, www.landesmuseum-trier.de).

52 Das Prümer Tor

Ein formidabler Felsspalt an der Ahr

Bei Schuld begibt sich die Ahr auf einen Bogen nach Osten, um sich sodann in engen Kurven Richtung Insul zu schlängeln. Kurz vor dem Ort liegt heutzutage linker Hand ein kleiner, unauffälliger Rastplatz. Erklimmt man jedoch die Böschung, bietet sich dem Betrachter ein eindrucksvolles Naturschauspiel. Das Wasser der Ahr streift hier an einer senkrecht abfallenden, nackten Felswand vorbei, die ohnehin schon einen spektakulären Anblick bietet. Kurz hinter einer kleinen Stromschnelle jedoch hat sich zudem ein Spalt gebildet, erratisch und märchenhaft. Hier ist der Stein auf etwa drei Metern Breite und zehn Metern Höhe aufgebrochen. Die Furt trägt den Namen Prümer Tor und bildete einst die einzige Stelle, an der man von Süden her geradewegs ans Ufer gelangte.

Durch das Prümer Tor, so liest man, fuhren früher die Lehnsleute des Ahrgaues, um in Münstereifel ihren Zehnten abzuliefern. Weil die Ahr hier recht breit und deswegen nicht besonders tief ist, konnten die zweirädrigen Karren den Fluss unbeschadet durchqueren. Erdgeschichtlich verantwortlich für diese Furt ist ein kleiner Zufluss, der heutzutage unsichtbar unter der Straße verläuft. So wie die Ahr sich über die Jahrtausende immer tiefer in die Landschaft einschnitt, so nagte das Bächlein am Gestein des heutigen Prümer Tores. Irgendwann in ferner Vergangenheit müssen sich die beiden einmal auf dem Niveau der Felsoberkante vereinigt haben. Aber von da an ging‘s bergab. War die Ahr bei ihrer Arbeit schneller als der Zulauf, so entstand hier wohl auch mal für einige Zeit ein Wasserfall. Der nun aber bearbeitete erst recht den Felsen, schliff ihn ab und schnitt ihn ein. So entstand, Nanometer für Nanometer, das Prümer Tor. Und selbstverständlich ist dieser Prozess noch längst nicht abgeschlossen, die Ahr gräbt sich weiter nach unten. Um immerhin 0,2 Millimeter pro Jahr.

Adresse 53520 Insul, www.insul.de | Anfahrt Von der B 257 geht es auf Höhe Dümpelfeld gen Insul. Am Ortsausgang in Richtung Schuld taucht nach etwa 300 Metern rechts der im Text erwähnte Rastplatz auf. | Tipp Nicht weit entfernt findet sich mit der Teufelsley eine weitere imposante Felsformation (siehe Seite 70).

53 Das Panzerwerk

Stählerne Pilze des Westwalls

Der Westwall war zugleich das ehrgeizigste und wahnwitzigste Befestigungsprojekt der Nazizeit. Um sich gegen den französischen »Erzfeind« abzuschirmen, wurden schier unvorstellbare Materialmengen verbaut, unter anderem 950.000 Kubikmeter Holz, 1,2 Millionen Tonnen Stahl, 8 Millionen Tonnen Zement, 20,5 Millionen Tonnen Kies und Sand. So entstand zwischen 1937 und 1940 eine 630 Kilometer lange Verteidigungslinie mit insgesamt 15.000 Anlagen. Eine der größten und besterhaltenen ist das Panzerwerk auf dem Katzenkopf bei Irrel.

Panzerwerke tragen ihren Namen wegen der rundum beweglichen Kuppeln, die wie stählerne Pilze aus dem Hügel wachsen. Durch ihre oberirdischen Scharten konnte die umliegende Landschaft beobachtet und unter Feuer gesetzt werden. Um alle Panzertürme miteinander zu vernetzen, trieb man am Katzenkopf zwei Stollen von insgesamt knapp 140 Metern durch den Berg. Auf diese Art erschlossen die Architekten zugleich einen Brunnen für die Wasserversorgung. So idyllisch der Hinweg, so klaustrophobisch die Atmosphäre in diesem weitverzweigten Bunkersystem. Auf drei Etagen liegen hier 45 Räume – unterirdisch stößt man also auf das Volumen eines großen Mietshauses. Neben Lagern für Munition und Essensvorräte war der Komplex für 84 Besatzungsmitglieder ausgelegt. Wie es ihnen an Tageslicht mangelte, so auch an reiner Luft. Denn die war rund um die Uhr vom Gestank des Diesels geschwängert, mit dem man die beiden Stromaggregate betrieb.

1947 wurden das Obergeschoss gesprengt und die daruntergelegenen Räumlichkeiten mit den Trümmern zugeschüttet. Wie andere Westwall-Relikte drohte auch dieses verloren zu gehen. Dass man sich 30 Jahre später gegen manche Kritik an die Freilegung machte, begründet man auch in Irrel mit einer griffigen Formel: Hier wird nicht der Nazi-Irrsinn konserviert, sondern der »Denkmalwert des Unerfreulichen«.

Adresse Katzenkopf, 54666 Irrel, www.westwallmuseum-irrel.de | **Anfahrt** Irrel liegt an der B 257 zwischen Echternacherbrück und Bitburg, in Irrel der Ausschilderung folgen. | **Öffnungszeiten** Karfreitag – 3. Okt. So u. Feiertage 14 – 17 Uhr | **Tipp** Unter www.westwall.org und anderen Internet-adressen findet man weitere Eifelreste des Westwalls.

54__Der schiefe Turm

Hexenhut und Handwerkermurks

Der Ortskern von Kaisersesch geht beinahe als eigenes Freilichtmuseum durch. Da wurde 2006 ein 14 Meter tiefer Brunnen aus dem Mittelalter freigelegt, ein historisches Backhaus renoviert und eine kleine Freilichtbühne geschaffen. Außerdem stehen dort noch veritable Reste der ehemaligen Burgmauer und ein altes Gefängnis. Der eigentliche Blickfang zwischen all diesen Bruchsteingebäuden jedoch überragt das Ensemble deutlich an Höhe. Es ist der schiefe Turm von St. Pankratius.

1926 wurde in Kaisersesch jemand geboren, der diesen Makel leicht hätte korrigieren können: der spätere Star-Architekt Oswald Mathias Ungers. Aber damit hätte der Ort zugleich sein schiefverschiefertes Wahrzeichen verloren. Die spitz zulaufende Turmkrone neigt sich insgesamt nach Westen. Zusätzlich kommt die Konstruktion in sich verdreht, also leicht spiralig daher. Natürlich sprechen wir hier vom Aufsatz eines sakral-christlichen Bauwerks. Aber die erste Assoziation ist: Dort oben orientierte man sich am spitzen, schwarzen, krummen Hut einer Eifelhexe.

So ganz abwegig scheint diese Idee nicht. Denn schließlich stammt St. Pankratius ursprünglich aus dem 13. Jahrhundert und mithin aus einem Zeitalter, in dem der Aberglaube noch weit verbreitet war. Tatsächlich jedoch haben hier die Handwerker gepatzt, wenn auch für den Laien nicht so recht nachvollziehbar. Eine Kaisersescher Chronik meint dazu: »Auf den romanischen Turmschaft, der ursprünglich ein Pyramidendach getragen hatte, wurde ein hoher gotischer Helm aufgesetzt.« Der Statik-Fehler des Zimmermanns bestehe nun darin, dass er »die Pyramide der obersten Spitze ohne entsprechende Riegelhölzer auf die Pyramide des Hauptdaches setzte. Der dadurch nicht mehr abzufangende Winddruck ließ den Turm in eine drehende Ausgleichsbewegung gleiten, wodurch die spindelartige Drehung und Schiefstellung kommt.« – Aha!

Adresse St. Pankratius, Koblenzer Straße, 56759 Kaisersesch, www.kaisersesch.de | **Anfahrt** A 48 bis Ausfahrt Kaisersesch | **Tipp** Auch der Turm von St. Clemens in Mayen ist schief und in sich verdreht. Man vermutet, dass hier derselbe Zimmermann wie in Kaisersesch am Werk war.

55 Die Pingen

Kuhlen wie am Klondike

Erzabbau funktionierte früher, also sagen wir von den Kelten bis ins 18. Jahrhundert, folgendermaßen: Zunächst suchte man im Wald nach Quellwasser. Anhand seiner Farbe, seines Geruchs und Geschmacks schloss man auf erzhaltiges Gestein vor Ort. Wer vom Fach war, fühlte sich durch bestimmte dort gedeihende Kräuter und Pilze ebenso bestätigt wie durch den auffälligen Niedrigwuchs der Bäume und das Ausbleiben von Reif in der Kälteperiode. Bestärkt durch derartige Indizien, machte sich der zukünftige Bergwerksbesitzer an erste Probeschürfungen, und im Falle des Erfolges steckte er – wie die Goldsucher am Klondike – seinen Claim ab. Danach begann dann die eigentliche Untertagearbeit. Rund anderthalb Meter im Durchmesser maßen die Schächte dieser Eisenpioniere, und bis zu 30 Meter reichten sie in die Tiefe. Getan war es mit dieser Buddelei und Hackerei natürlich noch längst nicht. An der Basis der Schächte hieß es, von der Vertikalen in die Waagerechte zu wechseln und Stollen mitten in das Eisenvorkommen zu treiben. Auch diese konnten gut 20 Meter lang sein.

Nicht selten waren solche Bergwerksbetriebe eine Familienangelegenheit. Vom Frühjahr bis zum Herbst bestellte man die Felder und holte die Ernte ein, um dann im kalten Eifel-Winter in den Schacht zu kriechen. Bergbau war mithin ein Nebenerwerbszweig, von dem sich die Bauern so viel versprachen, wie er sie an Mühen und Schweiß kostete: Das Erz musste zunächst aus dem Schacht gezogen, sodann aus dem Stein gehauen und weiterbefördert werden.

Gegen Anfang des 19. Jahrhunderts jedoch war Schicht in den Schächten, die Adern bis zum Grundwasser hinunter ausgebeutet. Die Gruben wurden aufgegeben, verfielen und verfüllten sich langsam mit Erdreich. Und deswegen sieht man rund um Kall heutzutage zahllose kleine Kuhlen, die im ersten Moment an Bombentrichter aus dem Zweiten Weltkrieg erinnern. Sind aber keine.

Adresse 53925 Kall, www.kall.de | **Anfahrt** von Mechernich oder Gemünd über die B 266 nach Kall | **Tipp** Der Kaller Erzbergbau wird durch den 12 Kilometer langen Pingenwanderpfad erschlossen, der am Rathaus beginnt (siehe www.eifelverein.de/kall/verein/berichte-detail.php?id=49).

56 Der Galgenberg

... oder: Die Muscheln vom Perlenbachtal

In Belgien heißt er Schwalm- und wenn er über die deutsche Grenze fließt Perlenbach. Auf beiden Seiten gleichermaßen betörend ist die von ihm geprägte Natur: das Perlenbachtal. Beliebt sind bei Wanderern etwa Felsformationen wie die Bieley oder die gelb blühenden Narzissenwiesen im April und Mai. Äußerst rar macht sich hingegen die namensgebende Perlmuschel.

Von 1668 an galt das »Perl-Regal«: Alle hier gefundenen Schmuckobjekte gehörten den Fürsten von Jülich, die zu diesem Zweck einen eigenen Perlenfischer unterhielten. Offenbar war jedoch das Gelände des Baches nicht lückenlos zu überwachen, und mit dem Gehorsam der Untertanen schien es auch nicht besonders weit her zu sein. Deshalb setzten die Jülicher auf verschärfte Abschreckung und errichteten 1746 einen – andere Quellen sagen: mehrere – Galgen entlang des Ufers. Der »Galgendamm« als Ortsbezeichnung existiert bis heute. Ob hier jedoch je ein »Wildfischer« gehängt wurde, weiß niemand.

Bekannt hingegen ist das weitere Schicksal der Perlmuscheln. Mit Aufhebung des Verbots durch die Franzosen begann der Raubbau. Karrenweise wurden die Tierchen abtransportiert und geknackt. Im 20. Jahrhundert kamen sodann Umweltprobleme sowie die Anlage von Stauseen und Fischteichen hinzu. Schätzt man die Population der Region um 1800 noch auf anderthalb Millionen Exemplare, so ging der Bestand bis heute auf wohl weniger als 50 Tiere zurück. Und diese sind Methusalems. Perlmuscheln erreichen ein Alter von maximal 100 Jahren, jene bei Monschau sind in ihren 70ern. Nachwuchs wird nicht mehr gezeugt, inzwischen arbeiten Naturschützer an der künstlichen Zucht von Jungmuscheln. Sollten diese Versuche jedoch nicht erfolgreich verlaufen, wird die Perlmuschel in wenigen Jahrzehnten ausgestorben sein. Und wofür das alles? – Für ein Tier, das nur in durchschnittlich jedem 2.000sten Fall so ein kleines, rundes Aragonit-Kügelchen produziert.

Adresse Gut Heistert 1, 52156 Kalterherberg | **Anfahrt** B 399 bis Kalterherberg, dort den Hinweisen auf Gut Heistert folgen. Am Gutshof steigt man hinunter ins Perlenbachtal und wendet sich nach rechts. Man beachte die detaillierte Wanderkarte vor dem Gutsrestaurant. | **Tipp** Von Kalterherberg ist es nicht weit nach Höfen, dem Zentrum des Heckenlandes (siehe Seite 160).

57_Die Sonnenuhr

Alpine Fernsicht auf dem Steinerberg

Der Kesselinger Bach fließt in 228 Metern Höhe durch das gleichnamige Dorf. Wer jedoch von hier aus zum Steinerberghaus will, der muss 303 weitere Höhenmeter überwinden. Schier endlos zieht sich die schmale Asphaltstraße den Berg hinauf, bis man nach dutzenden Kurven und Spitzkehren das Plateau erreicht. Der Lohn: eine grandiose Fernsicht bis zur Hohen Acht und dem Aremberg. Stünden hier rundherum nicht überall Bäume, man käme sich vor wie in den Alpen.

Ein zugleich handwerklich und astronomisch spannender Anblick steht jedoch in unmittelbarer Nähe: die Sonnenuhr vom Steinerberg. Das Kesselinger Exemplar ist keines jener riesigen, wie man sie von der Mosel, etwa aus Zeltingen oder Ürzig kennt. Aber dafür handelt es sich hier um einen vergleichsweise elaborierten Zeitmesser. Die Sonnenuhr in Form eines Globus wurde parallel zur Erdachse geneigt und genordet. Das heißt, dass sie das genaue Abbild unseres Planeten darstellt und en miniature genau im selben Winkel wie jener von der Sonne beschienen wird. Außerdem wurde in die Oberfläche dieses massiven Basaltballs eine Landkarte der Erde gemeißelt. Deshalb lässt sich hier nicht nur die Uhrzeit ablesen, sondern auch, wo auf der Welt gerade die Sonne unter- beziehungsweise aufgeht.

Eingeweiht wurde das Werk des Bonner Bildhauers Anton Schmitz zum 100. Geburtstag des Steinerberghauses im Jahr 2011. Was als einfache Schutzhütte des Eifelvereins begonnen hatte, wuchs sich 1921 zu einem Ausflugslokal mit Übernachtungsmöglichkeit aus. Und nachdem dort oben zwischenzeitlich Soldaten der Luftwaffe stationiert waren, erlebte das Steinerberghaus 1952 seine dritte Neueröffnung. Heutzutage kann man auf seiner Freiterrasse ein sehr entspanntes Bierchen trinken und dabei das Panorama genießen. Und wann es Zeit ist, nach Hause zu gehen, das erkennt man an der Sonnenuhr.

Adresse Auf dem Steinerberg, 53506 Kesseling, www.altenahr.de/kesseling.html | **Anfahrt** Auf der B 257 südlich von Altenahr gen Kesseling abbiegen und im Ort den Schildern folgen | **Öffnungszeiten** Steinerberghaus: April – Sept. Mi – Fr 10 – 17 Uhr, Sa, So 10 – 19 Uhr; Okt. Mi – So 10 – 17 Uhr; Nov. – März Fr, Sa, So 10 – 17 Uhr | **Tipp** Steigt man vom Steinerberg gen Norden ab, gelangt man auf schönem Pfad an die Ahr.

58 Der Goloring

Ein keltischer Kreisverkehr

Zunächst könnte man meinen, man spaziere hier in einen alten Hohlweg hinein. Aber diese halbrunde, etwa 1,50 Meter tiefe Senke entstand nicht als Trampelpfad, sondern wurde künstlich ausgehoben. Und sie führt auch nicht von A nach B, sondern einmal im Kreis herum.

Angelegt wurde der Goloring wahrscheinlich im 9. Jahrhundert vor Christus. Das schloss man jedenfalls aus den hier gefundenen Keramikscherben. Die umliegenden Hügelgräber wiederum lassen vermuten, dass auf dem inneren Plateau einer Religion, einer Art Totenkult gefrönt wurde. Im Vergleich zu Stonehenge fehlen in Kobern-Gondorf die spektakulären Steine. Stattdessen stieß man bei den ersten Grabungen 1942 auf die Standspur eines Holzpfahls. Er steckte genau in der Mitte des Runds und soll etwa zehn Meter hoch gewesen sein. Seine Funktion ist jedoch ebenso unklar wie die jener inzwischen verlandeten Suhle an der Südostseite des Areals.

Kultiviert waren sie, die Kelten, aber sie verfügten über keine Schriftkultur. Die vielen Fragezeichen rund um ihre Existenz machen sie heute für manch schräges Völkchen attraktiv, von Esoterikern bis zu Raubgräbern. Um den Goloring zu schützen und die hin und wieder auftauchenden Geologen in Ruhe arbeiten zu lassen, ist das gesamte Gelände umzäunt. Zugute kam dem örtlichen Betreiberverein bei dieser Vorsichtsmaßnahme, dass der Ring bis vor einigen Jahren ohnehin zu einem Sperrgebiet der Bundeswehr gehörte.

Zwar sind die Menschen verschwunden, die hier einst lebten. Unbewohnt jedoch ist der Goloring nicht, denn direkt am Graben finden sich ungewöhnlich viele Ameisenhaufen. Man vermutet, dass die Tiere über einer Erdspalte siedeln und sich an den austretenden Gasen delektieren. Interessant ist vor diesem Hintergrund die Frage, ob auch die alten Kelten so ein gutes Näschen hatten. Der Goloring als Quelle einer flüchtigen, spirituellen Droge? – Warum nicht.

Adresse 56330 Kobern-Gondorf | **Anfahrt** A 48 bis Ausfahrt Ochtendung. Der Goloring liegt an der L 52 rund 1 Kilometer westlich von Wolken. | **Öffnungszeiten** nach Absprache mit dem Goloring e.V. unter Tel. 02607/1651 | **Tipp** Der in Wolken beginnende, 7 Kilometer lange Keltenwanderweg führt unter anderem über Bassenheim (siehe Seite 36).

59 Der Ringlokschuppen

Eine ausgediente Bahndrehscheibe

Fährt man durch die Eifel, passiert man eine imposante Burgruine nach der nächsten. Zugleich ruinös und eindrucksvoll kommt auch dieses riesige Gebäude am Ortsausgang von Kreuzberg daher. Was ein Ringlokschuppen eigentlich ist, verdeutlicht ein Modell des örtlichen Vereins zur Rettung der Anlagen. In diesem 1918 gebauten Schuppen konnten neun Lokomotiven untergebracht werden. Mussten sie zurück auf die Schiene, beförderte man sie aus ihrer Garage auf eine Drehscheibe und mit deren Hilfe dann auf das avisierte Gleis. Mit einem Durchmesser von 20 Metern war die Drehscheibe des Kreuzberger Bahnbetriebswerks für die damals größten Güterzug-Loks ausgelegt. Auch die Tatsache, dass hier bis zu 14 Gleise nebeneinander angelegt wurden, spricht für die Bedeutung dieses Knotenpunktes an Ahr und Sahrbach. Aber all das ist Vergangenheit.

Zwischen den Schienensträngen wächst das Gras, auch erste Birken schießen empor. Die einstige Drehscheibe wurde 1989 demontiert, ebenso wie die Dieseltankanlage. Und von den Hunderten Fenstern des Ringlokschuppens ist kein einziges mehr heil. Das Kreuzberger Betriebswerk wurde zum Opfer einer jahrzehntelangen Verwahrlosung. Früher einmal waren hier 100 Menschen beschäftigt, vom Lokschlosser über den Lagerarbeiter bis zum Lohnbuchhalter. Und noch heute wohnen in der unmittelbaren Nachbarschaft alte Bahnarbeiter, aus deren Kreisen sich 1996 auch der Verein Museums-Bw Kreuzberg (Ahr) rekrutierte. Immer wieder drohte der vollständige Abriss, während man von Vereinsseite eine Restaurierung anstrebte. Mal setzte man seine Hoffnungen in die Deutsche Bahn als Eignerin des Geländes, mal in die Behörden des Kreises Ahrweiler. Aber die eine kündigte den zwischenzeitlichen Mietvertrag, die anderen hoben den Denkmalschutz auf. Wie es weitergeht mit dem Kreuzberger Ringlokschuppen, ist mithin noch immer ungewiss. Aber es sieht düster aus.

Adresse 53505 Kreuzberg, www.bw-kreuzberg.de | **Anfahrt** südlich von Altenahr von der B 267 nach Kreuzberg abbiegen, dann auf der Bahnhofstraße parallel zur Ahr zum nördlichen Dorfausgang und bis zum Parkplatz/Wendehammer | **Öffnungszeiten** Der Schuppen ist – notdürftig – umzäunt. | **Tipp** Auch das alte Kreuzberger Bahnbetriebswerk steht in Zusammenhang mit der Strategischen Bahn von 1910 (siehe Seite 32).

60_Neu-Afrika

Ein seltsamer Straßenname und seine Geschichte

Von Trier nach Neu-Afrika kommt man per Bus, und das dauert auch gar nicht besonders lange. Denn Neu-Afrika liegt in Kruchten, knapp 25 Kilometer nordwestlich der alten Römerstadt. Dass dem so ist, hat mit der Geschichte der Region zu tun.

Die Eifel war zeitweise so arm, dass die Menschen fürchteten, sich nicht mehr ernähren zu können. Manchmal lösten sich ganze Dorfgemeinschaften auf und emigrierten in die neue Welt (siehe Seite 62). Der luxemburgische Autor Guy Helminger hat einen Roman über diese Heimatflucht geschrieben: »Neubrasilien« heißt das Buch, genauso wie ein Dorf in Luxemburg. Nachgewiesenermaßen war Brasilien ab dem frühen 19. Jahrhundert ein beliebtes Ziel für deutsche Auswanderer. Und zwischen 1824 und 1900 verließen allein 100.000 Menschen den Bezirk Trier in Richtung Nordamerika.

Im Falle von Kruchten war es anscheinend ein Einzelner, der sein Glück (samt Familie?) in der Ferne suchte. Helmingers Geschichte ähnelt der von Kruchten, wenn auch das »gelobte Land« in diesem Fall Afrika hieß. Verschiedene Quellen behaupten, dass der Armutsflüchtling es immerhin bis zum Hafen von Antwerpen schaffte, ihm dort jedoch das Geld ausging. Dem Manne blieb folglich nichts anderes übrig, als in sein Dorf zurückzukehren. Helminger schildert, wie auch verschiedene Historiker, dass solche Rückkehrer es nicht einfach hatten. Sie galten als Gescheiterte, als Verlierer, denen die Daheimgebliebenen nicht selten mit Häme begegneten. Offenbar hatte sich jener Kruchtener Bauer immerhin noch ein Hintertürchen offengehalten. Im Gegensatz zu manch anderem Emigranten hatte er seinen Hof nicht verkauft, sondern nur verpachtet. Bei seiner Rückkehr taufte er ihn trotzig um: »Neu-Afrika« hieß nun dieses Gehöft am südöstlichen Rand von Kruchten. Und dort führt heute auch eine unscheinbare Landstraße aus dem Dorf hinaus und gen Schwarzenbruch: die Neu-Afrika-Straße.

Adresse Neu-Afrika-Straße, 54675 Kruchten | **Anfahrt** von der B 50 bei Sinspelt über Mettendorf nach Kruchten | **Tipp** Im nahen Ferschweiler erinnert die moderne Kunstinstallation »5 Bleistifte mit Lot« unter anderem an die Flüchtlingswellen des 19. Jahrhunderts.

61 Der Kreuzgang

100 Meter überm Fluss

Um Kyllburg herum macht dieser schlangengleiche Fluss, die Kyll, einen seiner bemerkenswertesten Bögen. Bis auf wenige Meter ist die Stadt vollständig von einem Wassergürtel umgeben, der selbstverständlich auch für ihre Gründung verantwortlich ist. Der Kyll lag hier ein steiler Berg im Weg, und entsprechend hügelig geht es innerorts auch zu. Wer Kyllburg vom niedrigsten zum höchsten Punkt durchwandern will, muss immerhin 100 Höhenmeter überwinden.

Aber das lohnt sich unbedingt, denn ganz oben liegt die alte Stiftskirche des Ortes. Begonnen 1276, steht man hier vor dem wohl imposantesten gotischen Bauwerk der gesamten Eifel. Außen der in der Region vorherrschende rötliche Sandstein, innen eine 36 Meter lange, lichtdurchflutete Halle. Besonders wertvoll: die drei Chorraum-Fenster im Stil der flandrisch-kölnischen Frührenaissance. Nur St. Peter in Köln, so die Meinung der Fachwelt, könne da mithalten.

Atmosphärischer Höhepunkt einer Besichtigung ist jedoch ein Aufenthalt im südlich angebauten Kreuzgang der Kirche. Das komplett quadratische Geviert hat sich wie kaum ein anderer Ort seine mittelalterliche Aura bewahrt. Zugänglich durch eine schlichte Außenpforte, taucht man hier in eine mönchische Flanierzone des 14. Jahrhunderts ein – historische Grabplatten zeugen von dieser Frühzeit. Nach Aufhebung des Stiftes drohte das gesamte Ensemble zu Beginn des 18. Jahrhunderts zu verfallen. Zudem wurden dem Kreuzgang zwischenzeitlich die Kreuzripp-Dächer der Ost-, Süd- und Westseite geraubt und anderswo verbaut. Was blieb, waren die harmonisch-gleichförmigen Joche und der Blick durch die großzügigen Maßwerkfenster in den Innenhof.

Aus der Stifts- wurde dank einer Schenkung Napoleons die Pfarrkirche von Kyllburg. Neues Interieur wurde angekauft, manches änderte sich mit der Zeit. In diesem Kreuzgang jedoch scheint sie stehengeblieben zu sein.

Adresse Stiftstraße, 54655 Kyllburg, www.stiftskirche-kyllburg.net | Anfahrt A 60 bis Ausfahrt Badem und dort nach Kyllburg | Öffnungszeiten Kirche und Kreuzgang täglich 8–18 Uhr | Tipp Hinter der nächsten Flussbiegung liegt das selten geöffnete, aber überaus malerische Schloss Malberg, www.schloss-malberg.de.

62 Die Wacholderheide

Mondraute, Augentrost und Habichtskraut

Das vielleicht befremdlichste Landschaftsbild der Eifel bieten die verschiedenen Wacholderheiden. Denn diese knorrigen Büsche mit ihren stachligen, gummiartigen Nadeln würde man eher ein paar tausend Kilometer weiter südlich verorten. Und auf ganz natürlichem Wege sind sie auch tatsächlich nicht hierhergelangt.

Wacholderheiden entstanden als Folge der Köhlerei im ausgehenden Mittelalter. Riesige Waldgebiete wurden entbaumt, um Holzkohle für die Eisenverhüttung zu gewinnen. Brachflächen verwandelten sich in Weideland. Schafe mögen beinahe alles, aber Wacholder verschmähen sie ebenso wie die holzigen Erika-Büschel, denen die Heide ihre violetten Sprenkel verdankt. Solange sie ihr Vieh hier auftrieben, stachen die Landwirte jene stachligen Strünke aus. Endete die Beweidung, konnte sich der Wacholder wild und ungehindert ausbreiten.

Um 1830 herum jedoch begann unter preußischer Regie die Wiederaufforstung der Eifel. Plötzlich waren die zum Teil jahrhundertealten Heiden bedroht, und früh genug erkannte man ihren Denkmalwert. Ausgewählte Wacholdergebiete wurden geschont, zur Erinnerung an ihre historische Bewirtschaftung. Am besten studieren lässt sich diese Landschaft auf dem bei Langscheid beginnenden Wacholderheide-Wanderweg. Zahlreiche Tafeln erklären dem Gast die kulturellen und biologischen Zusammenhänge etwa zwischen dem Wacholder und seiner spezifischen Bodenflora. Eingebettet in Magerrasen gedeihen hier verschiedene affine Pflanzen wie die Gemeine Mondraute, der Hain-Augentrost oder das Habichtskraut. In Langscheid hat man ihnen zu Ehren ein kleines Schaubeet angelegt.

Anders als die Schafe konsumieren die Menschen Wacholder schon seit unvordenklichen Zeiten. Wie der deutsche Steinhäger und der holländische Genever, so wäre auch der englische Gin ohne die rote Beere des Wacholders nie in die Welt gekommen.

Adresse Neuer Weg, 56729 Langscheid, www.langscheid-eifel.de | **Anfahrt** von der B 412 bei Kempenich über Weibern nach Langscheid, das Wacholdergebiet beginnt am höchsten Punkt des Dorfes. | **Tipp** Sehr schöne Wacholderheiden umgeben auch den Kreuzweg von Alendorf (siehe Seite 10).

63 Der Birnensortengarten

Gelbmöstler, Gute Graue und Gräfin von Paris

Als die Straße zwischen Lantershofen und Ringen einen Radweg bekam, musste ein vorher landwirtschaftlich genutzter Streifen asphaltiert werden. Dafür wurde der Gemeinde eine Ausgleichsfläche zugesprochen. Lantershofen gilt als regelrechtes »Birnendorf«. Hier wird nicht nur Birnenschnaps gebrannt und Birnenmus eingekocht, sondern sogar ein eigener Birnenkuchen gebacken. Der sogenannte »Maubich« wurde traditionell in der obstlosen Zeit angerührt und basiert auf den sommers getrockneten Früchten. Und zum Maubichfest im Juli servieren die »Brötchesmädchen« die frischen Birnenbackwaren. Vor diesem Hintergrund lag es nahe, die bezuschusste Neufläche als Birnensortengarten zu gestalten.

Am Anfang sah man hier nichts als einen umgepflügten Acker mit zwei langen Reihen junger, dürrer Bäumchen am Rande eines ausgedehnten Rapsfeldes. Im September 2009 war das, und seither sind die Bäume ein gutes Stück gewachsen. Insgesamt rund 60 Bäume mit 29 verschiedenen Sorten wurden angepflanzt, und damit sie glücklich gedeihen, stammen die Spenden unter anderem von Gold- und Diamant-Hochzeitspaaren. Bei der Auswahl legte man Wert darauf, dass es sich um historische Birnen der Region handelt. Wer Obst nur aus dem Supermarkt kennt, wird erstaunt sein, was einst alles in nächster Nähe gezüchtet wurde. Schon die Namen der Bäume klingen vielversprechend: Da wächst die Köstliche von Charneu neben der Guten Grauen, die Frühe von Trevoux neben dem Gelbmöstler, während Madame Verte und die Gräfin von Paris der Guten Luise und Clapps Liebling die Hand geben.

Bäume sind langlebige und langsam wachsende Zeitgenossen, deshalb wird im Lantershofener Birnensortengarten noch keine große Ernte eingefahren. Aber die Fortschritte sind unverkennbar, schon wachsen da und dort kleine Früchte aus den Blüten. Und irgendwann in der Zukunft wird sich hier eine dichte, ertragreiche Birnenallee erstrecken.

Adresse L 83 / Ecke Thonwerkstraße, 53501 Lantershofen, www.lantershofen.de | **Anfahrt** von der A 61 am Dreieck Bad Neuenahr / Ahrweiler auf die A 573 nach Lantershofen | **Tipp** Die Pflanzungen sind seit 2015 in einen liebevoll gestalteten, 8 km langen Birnenrundwanderweg eingebunden, s. www.birnenrundwanderweg.de.

64_Das Miniaturdorf

Ein ländliches Idyll im Eifelzoo

Anfang der 1970er begann der gebürtige Kölner Hans Wallpott mit dem Aufbau seines Tierparks im idyllischen Bierbachtal. Im Laufe der Zeit entwickelte sich daraus der »Eifelzoo«, heute eine touristische Attraktion der Region. Auf dem Gelände einer ehemaligen Fischfarm tummeln sich Waschbären, Bisons, Kängurus und sogar ein Löwenpärchen. Aber wer nur wegen der Großkatzen aufläuft, verpasst hier so einiges.

Ganz offensichtlich bereitete es Wallpott ein besonderes Vergnügen, die Welt »im Kleinen« abzubilden. Mag da draußen das Chaos herrschen und alles groß und unübersichtlich erscheinen – hier unten im Tal bleibt alles niedlich-friedlich. So klein wie die Zwergponys ist auch die historische Lokomotive, die einmal quer durch das Gelände führt. Wie ihre Waggons stammt sie aus Nachlässen der ehemaligen DDR, genauer gesagt aus Thüringen. Der Sehnsucht nach Idyll und Überblick entsprang dann wohl auch das Miniaturdorf im rückwärtigen Teil des Areals. Wie fast alles hier hat es der Gründer eigenhändig gemauert und geschreinert. 30 bis zu einem halben Meter hohe Bauten bilden ein archaisch-dörfliches Ensemble, das seinen Reiz aus den zahllosen historisch exakten Details bezieht. Da führt der kopfsteinbepflasterte Weg durchs Stadttor, an spitzgiebligen Häusern vorbei und bis zur Kirche. Hier scheint ein reicher Bauer frisch renoviert zu haben, dort wartet ein brüchiger Schornstein auf neuen Putz. Geht man vor diesem Dorf in die Hocke, fühlt man sich beinahe wie der kleine Däumling, der in diese Welt perfekt hineinpassen würde.

Einige dieser Landhäuser mag wiedererkennen, wer durch die umliegenden Dörfer fährt. Und wer sich fragt, wo er diesen sämtliche anderen Gebäude überragenden Renomierbau mit den Zwillingstürmen schon einmal gesehen hat: Es handelt sich um die berühmte Basilika St. Salvator im zehn Kilometer entfernten Prüm.

Adresse Reinigseifen 2, 54597 Lünebach/Pronsfeld, www.eifel-zoo.de | Öffnungszeiten 15. März – 1. Nov. täglich 10 – 18 Uhr, 2. Nov. – 14. März täglich 10 – 17 Uhr | Tipp Ein »Tier-Erlebnis« ist auch der Wildpark Daun (www.wildpark-daun.de).

65__Die wARTE-Halle

Kunst auf engem Raum

Vor Ort preist man diesen Bau als »das wahrscheinlich kleinste Museum der Welt« und kommt dabei der Wahrheit wohl ziemlich nah. Misst dieser unkonventionelle Kunsttempel doch gerade einmal fünf Quadratmeter und strebt in der Vertikalen ebenfalls nicht gerade gen Himmel. Auch sonst fehlt ihm einiges, eine Tür zum Beispiel. Aber in Welchenhausen ist der Mangel Programm und die räumliche Enge Folge einer historischen Umwidmung. Ursprünglich war das Gebäude als Wartehalle geplant, aus der die Kinder morgens in den Schulbus steigen sollten. Die örtliche Welchenhausener Lehranstalt war schon Jahrzehnte zuvor geschlossen worden. Als jedoch das Häuschen stand, gab es im Dorf auch keine Kinder mehr, die sich dort hätten unterstellen können – alle jungen Familien waren abgewandert, um ihr Glück woanders zu suchen. Bernd Kersting, ein Düsseldorfer Kunstlehrer und Freund der Region, gab dann 2002 den Anstoß für die neue Bestimmung des kleinen Bauwerks. Aus der Warte- wurde die wARTE-Halle, aus der Bus- die Kunststation.

So ungewöhnlich der Kunstort, so abgelegen das Dorf. Die Landstraße von Lützkampen mäandert durch endlose grüne Hügel, bevor man anlangt. Hier war man lange Zeit abgeschnitten von der Welt, und auch der heutige Wanderer schreitet mitunter Stunden voran, ohne einem Menschen zu begegnen. Dementsprechend legt man bei den im Dreimonatsrhythmus wechselnden Ausstellungen auch einen Schwerpunkt auf Künstler aus der Region und auf Kunst, die sich mit ihr befasst. Welchenhausen liegt an der Grenze zu Belgien, ganz nah auch am Dreiländereck mit Luxemburg. Die wARTE-Halle hilft mit, die alten Trennlinien zu überwinden und den Islek, wie die Einheimischen ihre Heimat nennen, zu einen. Wann immer sich Gäste hierhin verirren, an den Öffnungszeiten wird die Besichtigung sicherlich nicht scheitern. Denn in die wARTE-Halle gelangt man an 365 Tagen im Jahr, von 0 bis 24 Uhr.

Adresse Dorfstraße, 54617 Lützkampen-Welchenhausen, www.kult-our-tal-museum.de | Anfahrt A 60 bis Ausfahrt Bleialf und über Großkampenberg nach Welchenhausen | Öffnungszeiten immer | Tipp Dem europäischen Gedanken ebenso verpflichtet ist das Europa-Denkmal bei Ouren (siehe Seite 64).

66 Die Tabakspeicher

Zugige Holzschuppen in der Wittlicher Senke

In den Dörfern nordöstlich von Wittlich stößt man immer wieder auf seltsame Holzschuppen. Traditioneller Handwerkskunst entspricht, dass die quer vernagelten Latten so übereinanderstehen, dass der Regen ablaufen kann. Aber in Lüxem oder Bombogen überlappen sich diese Bretter nicht, sondern liegen beinahe waagerecht, sodass zwischen ihnen lange Spalte offen bleiben. Warum das?

Die Lösung des Rätsels verweist auf eine Historie, die man in der doch so kalten Eifel nicht vermuten würde. Denn diese Schuppen waren einst Tabakspeicher. Der größte und schönste von ihnen liegt am Ortsausgang von Lüxem, auf der K24 gen Bombogen (siehe Foto). Auch hier wurden einst die geernteten Blätter auf eine Leine gezogen und zum Trocknen aufgehängt, deshalb die windschlüpfrige Lattung. Die Wittlicher Senke mit ihrem vergleichsweise milden Klima und den sandig-lehmigen Böden blickt auf eine lange Geschichte des Tabakanbaus. Wahrscheinlich seit Mitte des 18. Jahrhunderts werden die rosa blühenden Pflanzen hier gezogen. Für 1820 sind in den Annalen 100 Hektar Anbaufläche verzeichnet, die 1926 auf lediglich acht geschrumpft waren. Die wachsende Konkurrenz des Weltmarktes, Tabaksteuern und zeitweilige Einfuhrzölle auf deutsche Waren bildeten die Ursachen für den Rückgang. Dass die Wittlicher Tabakgeschichte dennoch bis heute fortgeschrieben wird, verdankt sich vor allem dem in den 1980er Jahren vollzogenen Wechsel zu hellem Virgin-Tabak. Er ist leichter zu züchten und wird ausschließlich für Zigaretten verwendet. Früher hingegen wuchs auf den hiesigen Feldern vor allem der »Wittlicher Strang« heran. Der war besonders bei den Grubenarbeitern des Saarlandes beliebt, weil er gleich zweifach konsumiert werden konnte. Unter Tage, wo das Rauchen verboten war, steckte man ihn als Priem in den Mund. Im Freien hingegen ließ er sich schneiden und in die Pfeife stopfen.

Adresse Bombogener Straße, 54516 Lüxem, www.wittlich.de/historie/tabakbau.htm | **Anfahrt** A 1 bis Ausfahrt Wittlich-Mitte, dann über B 50 und L 141 gen Lüxem | **Öffnungszeiten** Die Schuppen befinden sich in Privatbesitz und können nur von außen besichtigt werden. | **Tipp** Zu den Sehenswürdigkeiten im nahen Wittlich zählen unter anderem die Meistermann-Fenster (siehe Seite 230).

67 Der Fulbert-Stollen

Landgewinn am Laacher See

Es riecht ein bisschen modrig dort, fünf Meter unter Wegniveau. Brombeeren und Brennnesseln überall und dazwischen ein schmaler Wasserlauf. Seinen Anfang hat er rund 100 Meter weiter oben genommen, an der südlichsten Stelle des Laacher Sees. Über ein kleines Wehr plätschert er sodann in einen düsteren Stollen und verschwindet im Innern des Berges. – Aber wozu das Ganze?

Der Laacher See verdankt sich einem verheerenden Vulkanausbruch vor rund 13.000 Jahren. Als sogenannte Caldera besitzt er keinen natürlichen Abfluss, und das bedeutet: Sein Pegel schwankte wetterbedingt so stark, dass er Anwohnern und Landbesitzern zuweilen große Schwierigkeiten bereitete. Um diese in den Griff zu bekommen und zugleich neues Ackerland zu gewinnen, ließ Fulbert, Abt des nahen Klosters Maria Laach, Mitte des 12. Jahrhunderts einen Abfluss anlegen. Die technische Meisterleistung bestand darin, 30 senkrechte Schächte in den Südhang des Kessels zu treiben und sodann von deren Basis aus Verbindungsgänge zu schlagen. Auf diese Art wurde der Fels über eine Distanz von 880 Metern unterquert, bevor das Wasser in einen oberirdischen Teich mündete. Bei Mittelmaßen von 3,5 mal 1,5 Metern huben die Arbeiter damals rund 5.000 Kubikmeter Erde aus.

Nach der Säkularisierung des Klosters durch die Franzosen 1802 verfiel dieser Ur-Stollen, seine Mundlöcher sind heute verschüttet. Dennoch ist er – zumindest für Archäologen – prinzipiell begehbar. Unter preußischer Führung machte man sich 1842 an einen neuen Entwässerungskanal. Direkt unterhalb des alten Fulbert-Stollens gelegen, sollte er den See noch einmal um fünf Meter absenken. Und im Zuge einer Untersuchung des Jahres 1984 entdeckten die Wissenschaftler mehrere Verbindungsgänge vom neuen zum alten Stollen. Vom 12. ins 19. Jahrhundert switchen, ein Zeitsprung über 700 Jahre mithin? – Im Fulbert-Stollen kein Problem.

Adresse L 113, 56653 Maria Laach | **Anfahrt** A 61 bis Ausfahrt Mendig und dann gen Maria Laach, vom Klosterparkplatz aus circa 250 Meter gen Süden, am Wegekreuz/dicken Baum links und an der rechts gelegenen Apfelplantage wiederum links Richtung Laacher See (Hinweisschild »Fulbert-Stollen«) | **Tipp** Neben dem weltberühmten Kloster samt Paradies (siehe Seite 144) faszinieren auch die sogenannten Mofetten am Ostufer des Sees: aus einer unterirdischen Magma-Welt aufsteigende CO_2-Blasen.

68 Das Paradies

Die Sünden und das Teufelchen

Die Klosteranlagen von Maria Laach gehören zu den größten Publikumsmagneten der gesamten Eifel und bräuchten hier deshalb nicht vorgestellt werden. Manchmal jedoch lohnt sich der Blick auf ein bestimmtes Detail einer Sehenswürdigkeit, auf den Ort im Ort sozusagen. Und ein solcher Spot ist das Paradies.

Ein jeder, der die Klosterkirche betritt, schreitet mitten hindurch. Das Paradies bildet den Vorbau der Basilika, als vierte, unterste Stufe einer harmonischen Dächer-Kaskade. Um 1200 vor das Westwerk gesetzt, diente die Halle zeitweise auch als Gästehaus für die Maria-Laach-Pilger. Ursprünglich bestand sie aus zwei Stockwerken, deren oberes jedoch 1820 unter preußischer Regie verschwand. Und erst seit 1936 steht hinter der doppelten Säulenreihe stattdessen der goldene Löwenbrunnen, entworfen von einem Klosterbruder mit dem schönen Namen Radbod Commandeur. Während die Kirche aus einheimischen Steinen erstand, wurde für die Vorhalle französischer Muschelkalk importiert. Mit einer Ausnahme allerdings, dem künstlerisch herausragende Figurenschmuck der Kapitelle. Sie wurden aus Weiberner Tuffstein (siehe Seite 222) gefertigt, fein ziseliert und ausgesprochen naturalistisch. Mangels genauerer Kenntnisse werden diese Arbeiten dem sogenannten Samsonmeister zugeschrieben. Er soll unter anderem auch am Bonner Münster und an der Kölner St.-Andreas-Kirche mitgewirkt haben.

Das Wort Paradies stammt von griechisch »paradeisos« ab und bedeutet so viel wie Halle oder Garten. Es soll auf den Eintritt in die Kirche vorbereiten, und diesem Zwecke dient auch die Ornamentik der Kapitelle. Die »Haarraufer« etwa symbolisieren die alten menschlichen Schwächen zwischen Streit und Missgunst. Zur bekanntesten Figur avancierte ein kleiner Kobold mit einer Schriftrolle auf dem Schoß. Das »Laacher Teufelchen« notiert die Peccata populi, die Sünden des Volkes. Und also auch die eines jeden Besuchers.

Adresse Maria Laach 1, 56653 Maria Laach, www.maria-laach.de | **Anfahrt** A 61 bis Ausfahrt Mendig, von dort ausgeschildert | **Öffnungszeiten** Das Paradies ist jederzeit frei zugänglich. Kloster: Mo – Sa 8.30 – 11.30 und 14.30 – 17.15 Uhr, So, Feiertage 10.15 – 12 und 15.30 – 17.15 Uhr | **Tipp** Die Klosteranlagen beherbergen unter anderem eine Kunstschmiede, eine Gaststätte und eine Klostergärtnerei. Außerdem lohnt sich ein Spaziergang zum Fulbert-Stollen (siehe Seite 142).

69 Der Eiffelplatz

Marmagens berühmtester Sohn

Dieser Dorfplatz von Marmagen macht auf den ersten Blick nicht allzu viel her. Drei mannshohe Steine stehen da, übersprudelt von Eifelwasser. Drumherum eine flache Mauer und ein paar Geranienbeete – das war's. Und wer zum ersten Mal hier aufkreuzt, mag die Marmagener zudem noch für schreibschwach halten, steht da doch auf dem Schild: »Eiffelplatz«, mit zwei f.

Dass es sich dabei um keinen Rechtschreibfehler handelt, erschließt sich erst durch eine unter Bäumen versteckte bronzene Gedenkplatte. Denn diese Ortschaft südwestlich von Nettersheim scheint tatsächlich über eine genealogische Verbindung zum weltberühmten Eiffelturm von Paris zu verfügen. Und die geht so: Der älteste bislang ermittelte Vorfahre des französischen Ingenieurs Gustave Eiffel (1832–1923) hieß Leo Heinrich Bönickhausen, seines Zeichens Schulmeister von Marmagen zwischen 1680 und 1695. Ebenfalls in Marmagen wurde sein Sohn Wilhelm Heinrich geboren, der um 1710 nach Frankreich auswanderte und bei Dijon als königlicher Förster arbeitete. Um seiner neuen Heimat Tribut zu zollen, nannte er sich fortan Jean-René. Und um die alte nicht zu vergessen, fügte er seinem Nachnamen ein »Eiffel« an. Die Schreibweise mit zwei f war vor 300 Jahren noch durchaus gebräuchlich.

Jean-René starb 1734, und noch sein Urenkel nannte sich Bönickhausen-Eiffel. Erst bei dessen Sohn Gustave verschwand der explizit deutsche Teil des Nachnamens, wahrscheinlich wegen der ungesunden Spannungen, die seinerzeit zwischen den Nachbarländern herrschten.

Restlos bewiesen ist diese schöne Geschichte nicht, aber immerhin erhielt Marmagen mehrmals Besuch von den Nachkommen des Turmbauers zu Paris. Irgendwann einmal kursierte sogar der Plan, dem berühmten Sohn zu Ehren einen Eiffelturm en miniature zu errichten. Und irgendwann wurde er wieder ad acta gelegt. Aber noch ist ja nicht aller Tage Abend.

Adresse 53947 Marmagen, www.marmagen-eifel.de | Anfahrt A 1 bis Ausfahrt Nettersheim und über Nettersheim nach Marmagen | Tipp Niedriger als der Eiffelturm, aber nicht minder imposant: das Kloster Steinfeld 4 Kilometer weiter nördlich (siehe Seite 208).

70 Die Eifel-Bibliothek

Antiquarische Schätze in der Genovevaburg

Sie suchen nach Informationen zu Wegekreuzen des 17. Jahrhunderts? Sie interessieren sich für Schmetterlinge im Raum Kaisersesch oder die Verbreitung der Maiglöckchen rund um Prüm? – Kein Problem, in Mayen wird Ihnen geholfen.

Nachdem die mächtige Genovevaburg 1689 von den Franzosen zerstört worden war, machte man sich bereits elf Jahre später an den Wiederaufbau. Hinter dem 34 Meter aufragenden Goloturm entstand dabei ein ganz neues Gebäude-Ensemble, das fortan den sogenannten Kleinen Burghof umschloss. Wo seinerzeit die Truppen des Trierer Kurfürsten untergebracht waren, gelangt man nun seit über 80 Jahren zur Bibliothek des Eifelvereins.

Durch die Räumlichkeiten wabert der modrig-weihevolle Duft alten Papiers, die Fenster offerieren Ausblicke auf die mittelalterliche Stadtmauer samt Graben. Das ebenfalls im Burghof-Karree beheimatete Eifelmuseum samt Schieferbergwerk genießt einen überregionalen Ruf. Von dieser Spezialbücherei jedoch wissen nur Eingeweihte – größere Bekanntheit verhindern schon die raren Öffnungszeiten. Dennoch lohnt sich ein Besuch nicht nur für (Hobby-)Wissenschaftler. Sortiert nach Themenfeldern wie Geologie, Ortsgeschichte, Wandern oder Sagen, wurden hier über 10.000 Bände zusammengetragen und inventarisiert. Ein Großteil davon stammt aus den Nachlässen bibliophiler Eifelfreunde. Sie vermachten der Bibliothek neben zahllosen Jahrbüchern heimatkundlicher Vereine auch manchen antiquarischen Schatz. Dazu zählt etwa eine Ausgabe der großformatigen Eifelia Illustrata, herausgegeben ab 1824 von Georg Friedrich Bärsch. Dieser erste Versuch, die Eifelhistorie Ort für Ort, Kloster für Kloster und Geschlecht für Geschlecht zusammenzutragen, erinnert an die enzyklopädischen Bestrebungen der Aufklärungsepoche. Und übrigens: In Kaisersesch stößt man mit ein wenig Glück auf Exemplare der recht seltenen Schiller- und Apollofalter.

Adresse Genovevaburg, 56727 Mayen, www.gavmayen.de/eifelbibliothek.html | Anfahrt A 48 bis Ausfahrt Mayen oder A 61 bis Ausfahrt Mendig, dann den Schildern zur Burg folgen | Öffnungszeiten Mi 15–18 Uhr und nach Voranmeldung, Tel. siehe Website | Tipp Der Buchbestand kann auch im Internet eingesehen werden: www.bibliotheken-rlp.de. Den Anschauungsunterricht zur Literatur erhält man im gegenüberliegenden Eifelmuseum.

71 Die Takenplatten

Historisch Heizen in der Eifel

Im Mayener Eifelmuseum ist ihnen ein eigener Raum gewidmet. Im Freilichtpark Roscheider Hof in Konz sind sie ebenso präsent wie im Eisenmuseum Jünkerath, im Ofenmuseum Hüttingen, in der Museumsremise des Schlosses Weilerbach und vielen weiteren Heimatsammlungen. Die Rede ist von einer historischen Besonderheit der Region Eifel-Saarland-Luxemburg-Ostbelgien: den Takenplatten.

Wer heutzutage sein Wohnzimmer mit einem kleinen Dreh am Regler mal eben auf 22 Grad erwärmt, kann die frühere Bedeutung von Takenplatten kaum ermessen. Eifelhäuser waren zugig und schlecht isoliert, es fehlte an Technik, Material und finanziellen Mitteln. Die einzige Wärmequelle war der Feuerherd. Im 14. Jahrhundert war das Eisengussverfahren entwickelt worden, und in der Folge entstanden auch die ersten Takenplatten. Das Wort stammt von lateinisch »tegere«, was so viel wie »abdecken« bedeutet. Dementsprechend mauerte man diese gusseisernen Platten in die Feuerwand zwischen Küche und Wohnstube ein. Sie nahmen die Hitze des Feuers auf und gaben sie im Nebenzimmer wieder ab. Leidlich regulierbar war die Temperatur durch einen stubenseitigen Takenschrank.

Takenplatten waren also so etwas wie ein zweidimensionaler Ofen, der bis vor rund 150 Jahren noch in beinahe jedem Eifelhäuschen zu finden war. Aber jenseits des praktischen Nutzens erfüllten sie auch einen sinnlichen Zweck. Sehr schnell entwickelten die Eisengießer die Fähigkeit, ihre Werke mit bildhaften Motiven zu verzieren. Fast alle stellten biblische Szenen nach, wobei jede Konfession – katholisch, protestantisch, jüdisch – ihren eigenen Kanon entwickelte.

Als Öfen erschwinglich wurden, als Gas- und Ölpipelines auch die abgelegene Eifel erreichten, da hatten die Takenplatten ausgedient. Sie wanderten zum »alten Eisen«, ganz im Sinne des Wortes. Aber auch altes Eisen kann spannende Geschichten erzählen.

Adresse Eifelmuseum Mayen: www.eifelmuseum-mayen.de; Eisenmuseum Jünkerath: www.eisenmuseum-juenkerath.de; Ofenmuseum Hüttingen: www.ofen-und-eisenmuseum.de; Schloss Weilerbach: www.bitburg-pruem.de/cms/kultur/schloss-weilerbach | Tipp Ein paar sehr hübsche und alte Exemplare hängen auch rund um das Clara-Viebig-Zentrum in Eisenschmitt (siehe Seite 78).

72_Die Winzergenossenschaft

Ein weitverzweigter Weinkeller

Die Idee der Genossenschaft kam im frühen 19. Jahrhundert in England auf und erreichte 1847 auch Deutschland. Wie es bei dieser ersten Gründung um notleidende Kleinstbauern und Landarbeiter ging, so auch 1868 in Mayschoß. Damals entstand, unter dem Druck einer Wirtschaftskrise, der »Winzer Verein zu Mayschoß – Eingetragene Genossenschaft«. Um ihre Erzeugnisse zentral vermarkten zu können, begannen die Weinbauern auch sofort mit der Anlage eines ersten Kellergangs im Mayschoßer Burgberg. Schon 1881 war der Verein von ursprünglich 18 auf 141 Mitglieder angewachsen. Inzwischen produzieren hier 320 Winzer 1,1 Millionen Flaschen Wein pro Jahr, 60 Prozent davon Spätburgunder.

Mit der Genossenschaft expandierte auch ihr Gewölbekeller. Wer heute hier eintritt, findet sich bald in einem beinahe labyrinthischen Tunnelsystem mit Backsteinmauern und verschieferten Bogendurchgängen wieder. Ein wenig kommt man sich vor wie in einem Bergwerk, wären da nicht die langen Reihen bauchiger Eichenfässer, die Edelstahltanks und Flaschenregale. Besonders edle Tropfen lagern archaisch verstaubt in vergitterten Nischen, und große, mit Schnitzereien verzierte Jubiläumsfässer künden von den runden Geburtstagen der Winzervereinigung.

Ein separater Bereich beschäftigt sich mit der Geschichte des Weinanbaus in der Region. Hier finden sich historische Werkzeuge wie etwa eine Schiefersteintrage, verschiedene Erntezangen und genagelte Schuhe für die zum Teil extrem steilen Weinhänge des Ahrtals. Eine alte Vitrine präsentiert zahlreiche Generationen und Typen von Korkenziehern, denen bekanntlich unter Weinliebhabern eine eigene Wissenschaft gewidmet ist. Und auch die allmählich verblassende Fotogalerie der Weinköniginnen ab 1970 ist durchaus von kulturhistorischem Wert. Spiegelt sie doch sehr eindrucksvoll die wechselnden Haarmoden der letzten 40 Jahre.

Adresse Ahr-Rotweinstraße 42, 53508 Mayschoß, www.wg-mayschoss.de | **Anfahrt** Der Weinkeller liegt an der B 267 zwischen Altenahr und Ahrweiler. | **Öffnungszeiten** Mai–Okt. Mo–Fr 8–18.30, Sa u. So 10–18.30, Nov.–April Mo–Fr 8–18, Sa u. So 10–18 Uhr | **Tipp** Im nahen Ahrweiler startet der so schöne wie informative Rotweinwanderweg (www.ahr-rotweinwanderweg.de).

73 Die Ganzstammbrücke

Ein archaischer Holzsteg bis 20 Tonnen

Die erste Brücke, also der erste künstliche Übergang über ein Gewässer oder eine Schlucht, wird aus einem einzelnen Baumstamm bestanden haben. Holz war dafür der ideale Baustoff: nicht allzu schwer, wetterfest, biegsam und notfalls auch mal mehrere Dutzend Meter lang. An diese archaischen Anfänge erinnert fühlt man sich in der kleinen Ortschaft Laach zwischen Mayschoß und Altenahr. Denn hier sind es tatsächlich durchgehende Baumstämme, die sich 30 Meter über den Fluss strecken. Und dabei liegen sie lediglich auf der Uferkonstruktion und einem mittigen Wellenbrecher auf. Mit diesen Maßen gilt die St.-Anna-Brücke als größte Ganzstammbrücke Deutschlands.

Das Laacher Viadukt weckt aber noch weitere Assoziationen. Das auf schrägen V-Pfeilern ruhende Satteldach hat man sich bei der traditionellen Bauweise der Alpenländer abgeschaut. Es schützt nicht nur den Fußgänger vor den Unbilden des Wetters, sondern die gesamte Unterkonstruktion, die deshalb ohne chemischen Holzschutz auskommt. Das wiederum reduziert nicht nur die Unterhaltskosten, sondern verhindert auch eine etwaige Kontaminierung des Flusses.

Insgesamt 360.000 Euro wurden investiert, bevor das Bauwerk Mitte 2005 eingeweiht werden konnte. Es macht Spaß, sich diese extrem solide Zimmermannskunst anzusehen. Während unten aus der dicht bewachsenen Böschung Enten ins Wasser watscheln, queren oben die (Fahrrad-)Wanderer den Steg. Angst vor einem Einsturz braucht man hier nicht so bald zu haben. Denn die Längsträger aus einheimischer Douglasie und Lärche kommen auf einen mittleren Durchmesser von 82 Zentimetern und sind dadurch sogar für den Schwerlastverkehr bis 20 Tonnen gerüstet. Platz hätten die Lkw durchaus, denn die Durchfahrtshöhe beträgt, bei einer Breite von dreieinhalb, immerhin vier Meter. Dahinter geht es dann allerdings ziemlich scharf um die Kurve.

Adresse Ahr-Rotweinstraße, 53508 Mayschoß-Laach, www.holzbrücke-mayschoss.de | **Anfahrt** Der Ort liegt an der B 267 westlich von Mayschoß. | **Tipp** Die Brücke ist Teil des hübschen Landrat-Joachim-Weiler-Radwegs entlang der Ahr.

74 Die Vulkan-Brauerei

Obergäriges aus Niedermendig

Oben im Vulkan-Brauhaus steht noch eine alte Fass-Säuberungsmaschine. Ein paar Meter weiter öffnet sich das Rund eines voluminösen Schachtes. 30 Meter führt er in die Tiefe und über 135 Jahre zurück in die Geschichte der Mendiger Brautradition.

Begonnen hat hier alles mit dem Ausbruch des unfernen Laacher Vulkans – daher auch der Name dieses Regionalbieres. Die Unmengen vulkanischen Gesteins dienten den Menschen zu Bauzwecken, aber vor allem als Mühlsteine. So entstanden die insgesamt vier Quadratkilometer großen Höhlen unter dem Ort, getragen von übriggelassenen Säulen. 1875 dann schenkte die Brauerei ihr erstes Bier aus – das war ziemlich genau die Zeit, in der die fortschreitende Industrialisierung rein mechanische Mühlen entbehrlich machte. Die Mälzer stießen in Mendig auf ideale Bedingungen. Da waren zum einen die vielen Quellen der Eifel, und zum anderen hatte der jahrhundertelange Bergbau jene formidablen Höhlen hinterlassen. Konstante sechs bis acht Grad im Sommer wie im Winter sorgten für optimale Voraussetzungen, um hier Bier zu produzieren und zu lagern. Die historischen Gärbottiche sind in den unterirdischen Hallen im Rahmen von Führungen zu besichtigen. Wie die Lagertanks, einst ausgelegt für bis zu eine Million Liter, haben sie 30 Jahre nach ihrer endgültigen Stilllegung Rost angesetzt.

28 Brauereien existierten einst in Mendig, überlebt hat nur die Wölker-, heute Vulkan-Brauerei. Denn als Carl Linde 1875 die Kühlmaschine erfand, hatten Mendigs Höhlen ausgedient. Die Brauer wanderten ab, manche gingen zu untergärigem Pils über, das nun dank dem neuen Kälteverfahren leichter herzustellen war. Vulkan jedoch, die kleine Privatbrauerei, blieb bis heute beim Obergärigen. Ob hell oder dunkel, in Mendig fließt es ungefiltert in die Kehlen. Und ob aus dem Fass oder der Flasche, hier schmeckt es immer gut.

Adresse Laacher-See-Straße 2, 56743 Mendig, www.vulkan-brauerei.de | **Anfahrt** A 61 bis Ausfahrt Mendig | **Öffnungszeiten** Führungen durch den Felsenkeller Sa, So 16 Uhr sowie nach Absprache, Tel. 02652/520330, Brauhaus täglich 11–23 Uhr | **Tipp** Ein paar Meter weiter bergab gelangt man zum Lava-Dome, dem Deutschen Vulkanmuseum (www.lava-dome.de).

75_Die Löwen von Monreal

Ein gotisches Quartett über der Elz

Sie tragen eiserne Korsetts, die Kopf und Leib zusammenhalten. Womöglich würden sie sonst auseinanderfallen und in den Fluss stürzen, in die Elz dort unten. Stattdessen jedoch thronen sie, steinalt und majestätisch, auf der mittleren der drei Dorfbrücken.

Die Löwen von Monreal standen vermutlich nicht immer hier, sondern weiter oben, vor der großen Burg aus dem 13. Jahrhundert. Im Gegensatz zur etwas tiefer gelegenen Phillipps- wurde sie deshalb auch Löwenburg genannt. Weshalb die namensgebenden Tiere dann 1831 nach unten ins Tal wanderten, weiß niemand. Ganz sicher jedoch spielte das Glück dabei mit: Denn während die Befestigungsanlagen wie so viele andere in der Eifel dem Pfälzischen Erbfolgekrieg (1688–1697) zum Opfer fielen, wurden die Löwen gerettet.

Auch Monreal erholte sich und blieb bis ins 19. Jahrhundert ein führender Ort der Eifelaner Tuchherstellung. Während die Obere und Untere Schlossbrücke ursprünglich die Stadtmauer trugen, konnte die zentrale Dorfbrücke geschmückt werden. Was dieses steinerne Löwenquartett so besonders macht, ist neben dem Alter die Ausgestaltung. Die Monrealer Muskeltiere, arrangiert um einen achteckigen Pfeiler herum, entstammen dem 15. Jahrhundert. Gotisch geschulte Steinmetze schlugen hier äußerst naturalistische Wesen aus dem harten Basalt. Trotz der starken Verwitterung des Materials lässt sich die Struktur der kräftigen Tatzen noch ebenso verfolgen wie die welligen Strähnen der angelegten Mähne.

Seinen Namen Johannes- oder Nepomukbrücke bekam der Elzübergang später, als die Figur des heiligen Nepomuk hier platziert wurde. Der böhmische Märtyrer ertrank, als man ihn von der Prager Karlsbrücke stürzte, und avancierte in der Folge europaweit zum Brückenheiligen. Das Geheimnis der ihm seit Jahrhunderten gegenübersitzenden Löwen wird jedoch auch er nicht preisgeben. Denn Johannes Nepomuk gilt zugleich als Schutzpatron für die Verschwiegenheit.

Adresse Nepomukbrücke, 56729 Monreal, www.monreal-eifel.de | **Anfahrt** von der B 258 unterhalb von Mayen nach Monreal, die Brücke liegt im Zentrum | **Tipp** Neben einer Ersteigung der beiden Burgruinen lohnt sich auch ein Abstecher zur Mayener Genovevaburg (siehe Seite 148).

76_Das Heckenland

Mauern aus Buchen

Über das Hohe Venn, eine ausgedehnte Hochebene im deutsch-belgischen Grenzgebiet, fegt gern mal der Wind. Dieser Tatsache verdankt sich eine deutschlandweit einzigartige Tradition, die ins Auge fällt, sobald man sich der Monschauer Gegend nähert: meterhohe, oft haushohe Buchenhecken. Stehen sie um einen Hof herum, sind sie nicht selten mit freigeschnittenen Toren versehen und ersetzen so einen gemauerten oder schmiedeeisernen Eingang. Die Wiesen und Felder wiederum werden durch niedrigere Flurhecken strukturiert. Diese dienten der Grenzmarkierung sowie als Zäune für das Weidevieh. Und natürlich spielte auch hier der Windschutz eine Rolle.

Die Pflege der grünen, bis zu 300 Jahre alten Mauern verlangt nach Zeit und überliefertem Wissen. Statt einem dicken Stamm sollen die hier verwendeten Buchen ein dichtes Geflecht von Ästen und Blättern ausbilden, das dem Wind die Kraft raubt und zugleich geschmeidig genug ist, um im Sturm nicht umzuknicken.

Was früher vor allem praktischen Zwecken diente, wird heutzutage als regionales Kulturgut vom Kreis Aachen gefördert. Das Monschauer Heckenland, wie es genannt wird, ist zu einer touristischen Attraktion geworden. Ausführlich informiert wird man über dieses Phänomen auf dem Heckenweg südlich von Monschau. Der Pfad beginnt am Nationalparktor des Ortes Höfen, das in einer ehemaligen Molkerei eingerichtet wurde. Über fünf Kilometer geht es sodann quer durchs Heckenland. Auf dem Weg passiert man auch verschiedene verlassene und deshalb wild wuchernde Hecken. Die kräftigeren Stämme der sogenannten Durchwachser wurden früher zu Brennholz verarbeitet. Kappt man sie jedoch nicht rechtzeitig, wachsen sie sich zu großen Bäumen aus. Und auf diese Art entstand im Monschauer Heckenland, auch dies ein attraktiver Nebeneffekt, so manche schöne Buchenallee.

Adresse Als Heckenland gelten im Wesentlichen die Ortschaften rings um 52156 Monschau. Eine zentrale Rolle spielt der Ortsteil Höfen. | **Anfahrt** Monschau und Höfen verbindet die B 258. | **Tipp** Einiges über Buchenhecken erfährt man auch im Höfener Naturhaus Seebend (siehe www.eifelverein-hoefen.de).

77_Das Kernkraftwerk

Mülheim-Kärlich ist nicht mehr gefährlich

Eigentlich liegt der Ort nicht in der Eifel, sondern an ihrem Rand, direkt am Rhein. Aber wäre dieses Kernkraftwerk je wie geplant ans Netz gegangen, dann hätte es auch auf die ganze Region ausgestrahlt – zumindest im übertragenen Sinn. »Mülheim-Kärlich ist gefährlich«, so lautete der Slogan der Anti-AKW-Bewegung in den 1970er Jahren, als man hier mit dem Bau begann. Rund 3,6 Milliarden Euro wurden investiert, bevor es 1986 zur Eröffnung kam. Aber der Atomstrom floss hier nicht lange. Weil Mülheim-Kärlich im erdbebengefährdeten Neuwieder Becken liegt, war der Reaktor kurzfristig und ohne Genehmigung 70 Meter vom geplanten Standort entfernt hochgezogen worden. Mit der Folge, dass bereits 1988, nach genau 100 Tagen im Regelbetrieb, auf richterlichen Beschluss hin wieder Schluss war. Von den 362 Brennelementen sollte keines je wieder zur Stromerzeugung eingesetzt werden. Das Werk dümpelte zehn Jahre vor sich hin, bevor das Bundesverwaltungsgericht 1998 in letzter Instanz entschied: Dieses KKW bleibt offline.

Näherte man sich früher der Stadt, erblickte man schon von fern den Kühlturm der Anlage. Mit 162 Metern war er höher als der Kölner Dom, aber inzwischen hat man mit dem systematischen Rückbau begonnen. Noch bis ins Jahr 2001 hinein hatte Betreiber RWE das KKW betriebsbereit gehalten und zwischenzeitlich sogar darauf spekuliert, hier ein Zwischenlager für schwach- und mittelradioaktive Abfälle einrichten zu können. Aber auch diese Pläne sind seit 2007 vom Tisch. Der strahlende Müll wird stattdessen im ehemaligen Eisenerzbergwerk Konrad bei Salzgitter deponiert. Mülheim-Kärlich, so geht der Reim heute, ist nicht mehr gefährlich. Nach der Entfernung von zahllosen Kabel- und Rohrkilometern im Innern werden in den nächsten Jahren auch die letzten Gebäude niedergelegt. Und was von der Geschichte bleibt, steht in den Sternen.

Adresse Am guten Mann, 56218 Mülheim-Kärlich, www.muelheim-kaerlich.de | **Anfahrt** Mülheim-Kärlich liegt an der B 9 oberhalb von Koblenz. Die Reste des KKW findet man zwischen der B 9 und dem Rhein. | **Tipp** Über den Rückbau informiert die Website www.group.rwe. Nicht weit ist es bis Bassenheim mit seinem berühmten Reiter (siehe Seite 36).

78 Die jüdische Metzgerei

Ein historisches Ladenlokal

Den Namen Diewald hörte man bis 1937 recht häufig in Münstermaifeld. Die Alemannia Judaica verzeichnet für 1924 einen Ferdinand Diewald als Gemeindevorsteher, 1932 einen Fritz und einen Moritz. Insgesamt lebten damals rund 50 jüdische Personen im Ort. Während des Novemberpogroms von 1938 ging die Synagoge in Flammen auf, bis zum Folgejahr verließen 32 Juden ihre Heimat, weil die Repressionen der Nazis zu stark geworden waren.

Auch die jüdische Metzgerei Diewald hatte 1937 schließen müssen. Dass man sie heute im Originalzustand von ungefähr 1910 besichtigen kann, ist dem Münstermaifelder Sammler Wilhelm Kirchesch zu verdanken. Seit über 30 Jahren ist der Mann auf der Suche nach Einrichtungsgegenständen der Zeit zwischen 1900 und 1960. In Münstermaifeld hat er mit seinen Objekten ein Heimatmuseum eingerichtet, wie man es in Deutschland sicherlich nicht allzu oft findet. In den Räumen der alten Propstei sowie in verlassenen Ladenlokalen des Ortes betritt man nun nicht nur eine historische Drogerie, eine Schusterwerkstatt und ein Schreibwarengeschäft, sondern auch einen Frisör-, einen extrem wohlriechenden Tabak- und einen Damenhutladen.

Wie der Sammler die Sattlerei mit den Werkzeugen seines Vaters bestückte, so konnte er auch in der jüdischen Metzgerei auf die Original-Einrichtung zurückgreifen. Das Geschäft war jahrzehntelang als Lagerraum genutzt worden, sodass sich unter allem Gerümpel kaum etwas verändert hatte. Sofort ins Auge fallen heute die grünlich gehaltenen, reich ornamentierten Jugendstilkacheln hinter der kleinen Theke. Eigentlich wirkt hier alles, als seien die Metzger nur kurz in der Mittagspause, aber die Geschichtsbücher wissen es besser. Die letzten 15 jüdischen Einwohner Münstermaifelds wurden 1942 deportiert. Unter den in der NS-Zeit umgekommenen Personen trugen neun den Geburts- beziehungsweise angeheirateten Namen Diewald.

Adresse Münsterplatz 6, 56294 Münstermaifeld, www.muenstermaifeld.de | **Anfahrt** A 48 bis Ausfahrt Polch und über Polch nach Münstermaifeld | **Öffnungszeiten** Heimatmuseum April–Okt. Mi, Do, Sa, So 10–13 u. 14–16.30, Fr 10–14, Nov.–März Mi 10–14, Do 12–16 Uhr sowie nach Vereinbarung, Tel. 02605/3556 | **Tipp** Wiederhergestellt wurde auch die Synagoge Münstermaifelds in der Severusstraße.

79 Die Exklave

Grenzübergänge an der Vennbahn

Mitten im Wald bei Mützenich kreuzen sich zwei Wege. Der eine, breitere führt dermaßen schnurgerade von Süd nach Nord, dass er den Betrachter sofort an etwas erinnert. Eine Bahntrasse, genau! Die Gleise jedoch sind verschwunden, die Schneise wurde zum Fahrrad-Fernweg ausgebaut. Geblieben sind hingegen diese seltsamen Quadersteine an allen vier Ecken der Kreuzung. Verwittert und krumm stecken sie im Waldboden, aber ihre Beschriftung ist noch so gerade zu entziffern. Zum Weg hin wurde dort jeweils ein B eingemeißelt, zum Wald hin ein D. Kurioserweise handelt es sich hier tatsächlich um Grenzsteine, das B steht für Belgien, das D für Deutschland. Und des Rätsels Lösung hängt mit den Weltkriegen zusammen.

Die Vennbahn wurde 1885 bis 1890 unter preußischer Regie eingerichtet und diente vor allem dem Erztransport von Luxemburg ins Aachener Becken. Nach dem Ersten Weltkrieg wurde die Strecke Belgien zugeschlagen, und so war es dann auch wieder nach dem Untergang des Nazi-Reiches. Zwischenzeitlich jedoch hatte sich der Grenzverlauf mehrfach geändert, sodass auch die Vennbahn von einem Staat in den anderen wechselte. Nach 1945 planten die Belgier, jene deutschen Dörfer zu annektieren, die nun von der Bahnstrecke komplett eingeschlossen wurden. Das Vorhaben wurde zwar 1949 fallengelassen, aber die Trasse blieb belgisch. So wurde das Dorf Mützenich (und ein paar weitere) zur Exklave, und jeder Mützenicher passiert auf dem Weg ins benachbarte Monschau mit der alten Bahnlinie zugleich die belgische Grenze.

Die letzten Güterzüge verkehrten hier zu Beginn der 1980er Jahre. Als Touristenattraktion wurde die Vennbahn noch bis 2001 betrieben, danach beschloss man in Eupen die Umwidmung zum Fahrradweg. Auch die Gebäude des alten Monschau-Mützenicher Bahnhofs haben längst die Schotten dichtgemacht. Mal sehen, was die Belgier damit vorhaben.

Adresse 52156 Mützenich, www.vennbahn.de | **Anfahrt** Über die B 258 nach Monschau und dort gen Mützenich. Den alten Bahnhof passiert man unterhalb der Ortschaft. | **Tipp** Monschau ist berühmt für seinen historischen Stadtkern und die vielen Museen.

80_ Kaiser Karls Bettstatt

Ein steinerner Koloss im alten Reichswald

Karl der Große bekam seinen Beinamen, so weiß man, nicht allein wegen seiner Taten, sondern vor allem aufgrund seines Körperbaus. Denn die im herrschaftlichen Schrein zu Aachen aufbewahrten Gebeine gehörten zu einem Mann, der für seine Epoche ungewöhnlich groß gewachsen war. Die geschätzten 2,04 Meter sprechen zugleich für die Echtheit der Knochen.

Wenn nun ein Stein an der belgischen Grenze als »Kaiser Karls Bettstatt« firmiert, dann darf das natürlich kein Kiesel sein. Und tatsächlich hat dieser alte Quarzitblock mit rund 4,5 mal 2 Metern enorme Ausmaße. Dass Karl hier übernachtet habe, ist zwar unwahrscheinlich, aber nicht unmöglich. Schließlich zählte das nur zwei Kilometer entfernte Konzen zu seinen Königshöfen, und das Areal um den Stein herum war karolingischer Reichswald. Die Legende will, dass sich Kaiser und Gefolge hier auf der Jagd befanden und sich zwischen Sümpfen und Dickicht irgendwann verirrten. Es dunkelte bereits, als einer der Diener »inmitten bärtiger Tannen« den flachen Felsblock entdeckte, der dann für eine Nacht zur Bettstatt für den Hünen wurde.

Man vermutet, dass dieser Quarzit-Solitär bereits bei den Kelten zur Kultstätte wurde. Dafür spricht, dass er fast auf der Spitze des mit 658 Metern die Landschaft überragenden Stelings liegt. Gesichert ist, dass er den Prämonstratensern des Reichensteiner Klosters als Grenzstein diente. Der Orden hatte sich im 12. Jahrhundert in Kalterherberg bei Monschau niedergelassen. Wer immer hier je geschlafen haben mag, gemütlich hatte er es sicher nicht. Aber mit ein bisschen Phantasie erkennt man in der Struktur dieses leicht abfallenden Blocks ein Kopfkissen, verschiedene durchgelegene Dellen und eine Fußstütze gegen das nächtliche Abrutschen. Und weil Karl in jener kalten Venn-Nacht angeblich die Kappe seines Dieners ablehnte, kam auch das südlich des Steins gelegene Dörfchen zu einem Namen: »Mütze nich.«

Adresse 52156 Mützenich, www.muetzenich.net | **Anfahrt** über die B 258 nach Monschau, dort Richtung Mützenich und am Ortsausgang rechts ab bis zum ausgeschilderten Parkplatz | **Tipp** Interessant ist auch die Ortschaft Mützenich, von der Vennbahn zur Exklave gemacht (siehe Seite 166).

81_Der Waschplatz

Ein historischer Frauen-Treff

Manchmal braucht es keine Kathedralen, Denkmäler oder sonstigen Monumente, um Geschichte fühlbar werden zu lassen. Auch ganz profane, unscheinbare Orte erzählen lebhaft von vergangenen Zeiten. Direkt gegenüber dem Neidenbacher Waschplatz liegt eine kleine Kapelle, der sich ein Wiesenspielplatz anschließt. In mancher Hinsicht ist dies also noch immer ein zentraler Ort des Dorfes. Früher jedoch, in der Zeit vor den Waschmaschinen, war seine Bedeutung ungleich größer.

»Zeigt her eure Füßchen, zeigt her eure Schuh / und sehet den fleißigen Waschfrauen zu. / Sie waschen, sie waschen / sie waschen den ganzen Tag«, so beginnt ein altes Kinderlied. Und auch in einem Zungenbrecher wurden sie verewigt: »Wir Wiener Waschweiber würden weiße Wäsche waschen, wenn wir wüßten, wo warmes Wasser wär.« Am dörflichen Waschplatz wurde nicht nur die Wäsche gereinigt, sondern auch gelästert, geklagt, gesungen und gelacht. Weil die Frauen hier unter sich waren und dementsprechend frei reden konnten, kam diesem Ort zugleich eine sozialhistorische Bedeutung zu. Mächtige Kastanien, die wohl noch echte Wäscherinnen erlebt haben, schirmen das Neidenbacher Becken gegenüber der Straße ab. Die zwischenzeitlich verfallene, 1976 renovierte Anlage ist eine der letzten ihrer Art in der Eifel. Ein gutes Jahrhundert lang bestimmte hier der Sandsteinabbau die Geschäfte, Schleifsteine aus der Region wurden in die Messer- und Scherenfabriken des Bergischen Landes exportiert. Und so besteht denn auch die Einfassung des Neidenbacher Waschplatzes aus Sandstein, und zwei an Schleifsteine erinnernde Räder bilden den Zulauf zum Geviert. Damit die Wäsche auch wirklich sauber wurde, wird hier das Frischwasser des Neidenbachs eingeleitet. Schräge Bretter am Beckenrand des »Boar«, wie man ihn hier nennt, dienten einst zum Mangeln der Laken und Kleider. Und die Grünfläche nebenan wurde als Bleichwiese genutzt.

Adresse Kyllburger Straße, 54657 Neidenbach, www.neidenbach.de | **Anfahrt** A 60 bis Ausfahrt Bitburg und über die L 32 gen Norden nach Neidenbach | **Tipp** Was man mit dem hiesigen Sandstein noch anfangen kann, zeigen 10 Kilometer weiter nördlich die Künstler von Weißenseifen (siehe Seite 226).

82 Der Nerother Kopf

An der Wiege des Wandervogels

Der Nerother Kopf ist ein erloschener Vulkan von 647 Metern Höhe. Wegen seiner exponierten Lage ließ hier um 1340 der böhmische König Johann von Luxemburg eine Burg errichten. Gearbeitet wurde dort oben allerdings schon vorher. Denn direkt unterhalb der Festung liegt wie eine klaffende Wunde im Fels die Mühlsteinhöhle. Wunderbar plastisch ist hier zu erkennen, wie die Steine aus den Wänden herausgearbeitet wurden. Und direkt vor dem Eingang liegen noch immer ein paar zerbrochene Exemplare – steinalter Ausschuss sozusagen.

Längst war die Burg verfallen, längst der letzte Mühlstein produziert, als sich hier die Zwillingsbrüder Robert und Karl Oelbermann trafen. In der Silvesternacht 1919/20 gründeten sie in dieser Höhle den »Nerother Wandervogel« als Wiederbelebung der nach dem Ersten Weltkrieg erlahmenden Wandervogel-Bewegung. Diese hatte sich Ende des 19. Jahrhunderts als Reaktion auf die zunehmende Industrialisierung einem Zurück zur Natur verschrieben. Auch die Nerother Abteilung trug allerdings zugleich extrem elitäre und nationalistische Züge, frönte einem esoterischen Führerkult und pflegte eine ausgesprochen martialische Sprache. Jugendlicher Übermut vereinigte sich mit chauvinistisch-männerbündlerischer Schwärmerei. Eine der ersten Forderungen an den Altbund bestand darin, sich von allen Mädchengruppen zu trennen. Und so geschah es auch, schon im Frühjahr 1920.

Wenn der Nerother Wandervogel bis heute dennoch eine gewisse Strahlkraft besitzt, dann wegen seines Widerstands gegen die Nazis. Bereits 1933 zur Auflösung gezwungen, traf man sich dennoch weiter klandestin zu Heimabenden. Robert Oelbermann wurde 1936 fadenscheinig auf Grundlage des »Schwulenparagraphen« 175 verhaftet und starb fünf Jahre später im KZ Dachau. Viele seiner Anhänger wurden gefoltert, aber der Wandervogel erstand von Neuem. Nach Kriegsende rückte Bruder Karl zum Bundesführer auf.

Adresse 54570 Neroth, www.neroth.de | **Anfahrt** Auf der B 410 östlich von Gerolstein auf die K 33 gen Gees und Neroth wechseln. Der kürzeste Weg beginnt am Parkplatz neben der Straße von Neroth nach Neunkirchen. | **Tipp** Direkt am Waldsaum beginnt der Xynthia-Steg, der mit ungeräumten Brachen und Schautafeln die Verwüstungen des gleichnamigen Orkans von 2010 dokumentiert.

83__Der Grüne Pütz

Wo die römische Wasserleitung beginnt

Wer in Köln einmal eine Stadtführung mitgemacht hat, dem wird unweigerlich von der römischen Wasserleitung erzählt worden sein: was für ein aufwendiges, technisch brillantes Bauwerk das doch ist! Und dann taucht man hinab in jenen Abwasserkanal neben dem antiken Prätorium, der noch im letzten Krieg so stabil war, dass er Menschen das Leben rettete.

Steht man dann jedoch dort, wo all dies seinen Ausgang nahm, dann wundert man sich. Der Grüne Pütz, die Quellfassung im Wald bei Nettersheim, ist oberflächlich betrachtet zunächst nichts als ein steinerner Wassersammler. Dass bei der Planung und Ausführung ingeniöse Ingenieure am Werk waren, dass dort unterirdisch Rohre, filternde Kies- und isolierende Tonschichten verbaut sind, erschließt sich erst nach und nach.

Links und rechts vom Grünen Pütz schmücken Gorgonenhäupter das Mauerwerk. Die sollten Unheil abhalten, vom Bauwerk wie auch von jenem Liquid, für das es errichtet wurde. Köln, die Colonia Claudia Ara Agrippinensium, war die Hauptstadt Niedergermaniens. Die antike Metropole wuchs, und sie brauchte mehr Wasser, als das nahe Vorgebirge liefern konnte. Deshalb entstand hier im 1. Jahrhundert nach Christus das größte antike Bauwerk nördlich der Alpen. Die Eifelwasserleitung misst insgesamt 130 Kilometer und transportierte tagtäglich rund 20.000 Kubikmeter frisches Trinkwasser nach Norden.

Mehrere Hinweistafeln erklären am Pütz, wie die römischen Bauherrn das alles angestellt haben. Dennoch bleiben für den Laien Fragen: Warum begann man ein Riesenprojekt wie dieses ausgerechnet hier im Wald bei Nettersheim, so unglaublich weit weg vom Zielort? Wie funktionierte so etwas – Gefälle hin, Gefälle her – ohne Pumpen, ohne Turbinen und Elektromotoren? Und schließlich: Warum waren die Kölner so dumm, dieses wertvolle Erbe der Römer nach deren Vertreibung verkommen zu lassen?

Adresse 53947 Nettersheim, www.nettersheim.de | **Anfahrt** A1 bis Ausfahrt Nettersheim. Der Pütz liegt nördlich des Ortes im Wald. Die unasphaltierte Straße darf befahren werden. | **Tipp** Spannende Römerzeugnisse findet man auch südlich des Ortes mit dem Steinrütsch und der Görresburg (siehe Seite 176).

84_Der Steinrütsch

... und das Matronenheiligtum

Beten und Arbeiten, das waren für viele Menschen stets nur die beiden Seiten ein und derselben Medaille – und die hieß »Leben«. In der gläubigen Eifel gilt das umso mehr, und zwar nicht erst, seitdem hier das Christentum Einzug hielt. Die Verbindung von »ora et labora« bestand, das lernt man in Nettersheim, schon in der Antike.

Unten im Tal der Steinbruch, oben die heiligen Hallen: So sieht es dort aus. Der Steinrütsch, wie er im Volksmund heißt, war einst eine regelrechte Fabrik. Noch heute ist gut zu erkennen, was dem kegelförmigen Fels abgerungen wurde. Und direkt nebenan wurde das Material verarbeitet. Ausgrabungen ergaben, dass hier an der Urft nicht zuletzt römische Meilensteine produziert wurden. Ein rekonstruiertes Exemplar steht vor Ort.

Hoben die Arbeiter den Kopf, dann sahen sie zu ihrer Kirche auf. Schon die Kelten hatten dort oben ihren religiösen Ritualen gefrönt, und nach ihrer Vertreibung erstand hier ein römischer Tempelbezirk. Seine Überreste werden auf das 2. bis 4. Jahrhundert datiert. Den bedeutsamsten Teil der Funde bilden die sogenannten Matronensteine. Die kultische Verehrung dieser stets zu dritt auftretenden Frauenfiguren durch die Römer geht ebenfalls auf ihre Vorgänger zurück: Die Matronen tragen keltisch-ubische Trachten und halten Fruchtkörbe in den Händen. In ihren Inschriften feiern die Stifter – durchweg römische Soldaten – vollendete Gelübde und bedanken sich bei ihren gütigen Schutzheiligen.

Seit 2008 ist das gesamte Gelände rund um das Heiligtum im Besitz der Gemeinde Nettersheim und wurde inzwischen umfassend historisch aufgearbeitet. Archäologen der Universität Köln fanden unter anderem heraus, dass vom Tempel zum Steinrütsch einst ein neun Meter breiter, von Häusern gesäumter Straßendamm führte. Vom Beten zum Arbeiten, und andersherum, hatte es hier also wirklich niemand besonders weit.

Adresse 53947 Nettersheim, www.nettersheim.de | **Anfahrt** A 1 bis Ausfahrt Nettersheim. Steinrütsch und Tempelbezirk liegen circa 1 Kilometer südlich des Ortes, der Weg ist ausgeschildert. | **Tipp** Weitere Informationen zur Nettersheimer Siedlungsgeschichte liefert das Naturzentrum Eifel in der Urftstraße 2 (www.naturzentrum-eifel.de).

85 Das Schwarzbildchen

Ritter Kuno und die hohle Eiche

Mindestens 21 Menschen sollen in Neuerburg nach Hexenprozessen verbrannt worden sein. Es war die Macht – und zugleich die angstvolle Hysterie – der katholischen Kirche, die solch einen Irrsinn bewirkte. Auf der anderen Seite förderte der lange Arm des Papstes jeden Aberglauben seiner Schäfchen, solange er nur dem »wahren Glauben« zuarbeitete. Und manchmal kamen dabei so nette Geschichten heraus wie die vom Neuerburger Schwarzbildchen.

Wer sich über die Burg hinaus bergan arbeitet, landet früher oder später im Wald. Burg und Bäume bilden auch die geografischen Eckpfeiler jener Legende um den Ritter Kuno von Falkenstein. Als der sich in die holde Ida, Burgfräulein von Neuerburg, verliebte, erregte er den Zorn seines Mitbewerbers, des Ritters von Vianden. Auf einer Bergeshöhe lauerte der dem Bräutigam auf, der inmitten seiner Getreuen als einziger das Gemetzel überlebte. Kuno floh gen Neuerburg, aber als dann auch noch sein Pferd erschöpft zusammenbrach, blieb ihm nur noch das Gebet. Und Maria erhörte ihn. Eine ihrer Lichtgestalten wies ihm den Weg zu einer hohlen Eiche, die ihn vor den Verfolgern verbarg. Nachdem sie die Suche aufgegeben hatten, wurde endlich Hochzeit gehalten.

Die Neuerburg ward längst zur Ruine, und auch das Loch in der hohlen, angeblich rund 700 Jahre alten Eiche ist bedeutend größer geworden. Hier könnte sich heutzutage niemand mehr verstecken, zu einsehbar ist diese Höhlung. Und außerdem hat Kuno sie ausfüllen lassen: mit einer geschnitzten Madonnenfigur. Zu ihrem und des geweihten Baumes Schutz überragt heute eine Holzkonstruktion das Schwarzbildchen. Stationsbilder der sieben Schmerzen Mariens führen zu dieser verträumten Pilgerstätte, eine kleine, neugotische Kapelle lädt zur Andacht. Hier bedanken sich die Gläubigen für Marias Wohl- und Wundertaten. Genau wie einst der Ritter Kuno von Falkenstein.

Adresse 54673 Neuerburg, www.neuerburg-eifel.de | **Anfahrt** von der B 410 bei Arzfeld gen Süden nach Neuerburg, in Neuerburg geht man hinter dem Schloss rund 1,5 Kilometer weiter Richtung Wald und folgt den Schildern | **Tipp** In weit besserem Zustand als die Neuerburger Befestigung ist die Burg Vianden, Hort des bösen Ritters an der luxemburgischen Our.

86_St. Mokka

Die Schmuggler-Kirche von Schmidt

Die Schlacht im Hürtgenwald gegen Ende des Jahres 1944 war bitter und blutig. Der deutschen Armee, eigentlich längst besiegt, gelangen hier noch einmal einige »Erfolge«, die die Besetzung beziehungsweise Befreiung des deutschen Westens um Wochen verzögerten. Im Zentrum der Kämpfe und deshalb an deren Ende auch völlig zerstört: das Höhendorf Schmidt, das im Schlachtverlauf elfmal den Besitzer gewechselt hatte.

Nach dem Krieg lagen die Felder brach, die Häuser in Schutt und Asche. Stattdessen blühten Schwarzmarkt und Schmuggel. Von Schmidt bis zur belgischen Grenze geht man zwei Stunden zu Fuß, und es gab praktisch niemanden im Dorf, der sich nicht als »Waldläufer« verdingte. Pro Kilo geschmuggelten Kaffees konnte man rund 25 Mark verdienen, genug, um wieder auf die Füße zu kommen. Auch Pastor Josef Bayer sah dem Treiben zunächst recht gelassen zu. Immerhin hatte sein Kölner Kollege, der Kardinal Frings, sogar den Kohlenklau zum Mundraub erklärt (und wurde deshalb mit dem heute dudentauglichen Verb »fringsen« geehrt). Bald jedoch musste Bayer erkennen, dass dank des Schwarzgeldes ringsherum alle Häuser allmählich wiederauferstanden, während seine Kirche weiter Ruine blieb. Eines Tages verlor er schließlich die Geduld mit seinen Schäfchen und setzte zu einer harschen Sonntagspredigt an: »Nacht für Nacht bete ich für meine Pfarrkinder, dass ihnen nichts passiert. Aber für die Kirche fällt dabei nichts ab. Merkwürdig ist das schon, denn ich weiß ganz bestimmt, dass ihr so viel Geld habt, dass ihr Kopfschmerzen davon bekommt. Bei mir ist es umgekehrt, ich habe Kopfschmerzen vor lauter Schulden und bekomme davon noch graue Haare!«

Die Lektion hatte offenbar gesessen. In der Folge floss genug Geld in den Opferstock, um mit dem Wiederaufbau des Gotteshauses zu beginnen. Und sein schnell gefundener Spitzname erinnert an die dubiose Herkunft der frommen Spenden: St. Mokka.

Adresse Heimbacher Straße 2, 52385 Nideggen-Schmidt, www.st-hubertus-schmidt.de | Anfahrt Der Ort liegt südwestlich von Nideggen an der L 246. | Öffnungszeiten tagsüber geöffnet | Tipp In der ehemaligen Taufkapelle befindet sich eine Station des Eifeler Nationalparks. Hinter der Kirche beginnt der 16 Kilometer lange »Schmugglerweg«.

87 Die Zirbeseiche

»Ich bin ein fahrender Sänger …«

Dieser Baum ist ein echter Kaventsmann. Auf rund 300 Jahre wird die Eiche geschätzt, die umso mächtiger wirkt, als sie eine voll ausgebildete Krone aufweist. Ihren Vornamen verdankt sie jenem Dichter, der im nebenstehenden Haus einen Großteil seines Lebens verbrachte: Peter Zirbes.

Der Sohn eines armen Hausiererpärchens wurde 1825 hier in Niederkail geboren. Wegen der endlosen Wanderungen von Dorf zu Dorf konnte der Junge die Schule nur winters besuchen. Dennoch entwickelte er schon in jungen Jahren eine helle Leidenschaft fürs Lesen, Schreiben und Musizieren. »Hatte ich etwas gelesen, so wusste ich es nach Jahr und Tag wieder zu erzählen«, berichtete er später von sich. Kränklich und von schwacher Statur, hatte Zirbes es nicht gerade leicht mit seinen Altersgenossen. Sein Spaß am Verseschmieden stempelte ihn erst recht zum Außenseiter. 1852 legte er mit einem selbst edierten Lyrikband den Grundstein für seinen postumen Ruf als chronologisch und qualitativ »erster Eifeldichter«.

Peter Zirbes war zeitlebens arm, davon zeugt auch sein reetgedecktes Häuschen, das inzwischen als Museum hergerichtet wurde. Der Trost, den er in Gedichten fand, taugte offenbar nicht für die wirkliche Welt. Jedenfalls spricht aus all seinen biografischen Aufzeichnungen ein recht schwermütiger Charakter, den er poetisch zu überspielen vermochte: »Ich bin ein fahrender Sänger / gebürtig zu Niederkail / und habe nebst Gedichten / auch Glas und Steingut feil. / Das eine gewährt mir Freude / das andere gibt mir Brot / und so beschützen mich beide / vor inn'rer und äußerer Not.«, heißt es etwa in seinem berühmtesten Gedicht »Prosa und Poesie« (um 1856). Mit dem Aufkommen der Eisenbahn brach sein Wandergewerbe zusammen. Der Eifeldichter starb, schon seit Jahrzehnten fast taub und schwer krank, am 14. November 1901. Seine Poeme jedoch leben weiter, genau wie die Zirbeseiche.

Adresse Peter-Zirbes-Straße, 54526 Niederkail, www.landscheid.de | **Anfahrt** A 60 bis Ausfahrt Landscheid, dort auf die B 50 nach Niederkail | **Öffnungszeiten** Museum nach Absprache mit dem Ortsvorstand, s. Website oben | **Tipp** Von Niederkail aus ist es gen Norden nicht weit bis Eisenschmitt, Heimat der Eifeldichterin Clara Viebig (siehe Seite 78).

88 Die Sinterterrasse

Der wachsende Wasserfall Dreimühlen

Man nennt es einen Wasserfall, aber so richtig typisch ist dieses Gebilde nicht für seine Zunft. Beim Thema Wasserfall denkt man zunächst einmal an nacktes Gestein und weiß-schäumend-stürzende Wassermassen. Bei Nohn hingegen erwartet den Besucher ein haariges Etwas, aus dessen dichtem Fell permanent Schweiß zu schießen scheint. Und noch etwas ist hier grundlegend anders als bei herkömmlichen Katarakten: Während andernorts das Wasser den Fels abschleift und damit schwinden lässt, wächst der Nohner Fall nach vorn. Die Niagarafälle beispielsweise haben sich, bei einer Erosion von 1,8 Metern pro Jahr, seit ihrer Entstehung bereits elf Kilometer an den Eriesee herangearbeitet. Der Kollege in der Eifel hingegen schiebt seine Fallkante um jährlich acht bis zehn Zentimeter weiter ins Tal hinein. Grund dafür ist der hohe Anteil an Kalksinter im Wasser.

Es waren drei kleine Karstquellen, die nach der letzten Eiszeit begannen, hier eine mittlerweile 300 Meter lange und 100 Meter breite Kalkbank zu bauen. Als zu Anfang des 20. Jahrhunderts die Mittlere Ahrtalbahn den Betrieb aufnahm, wurden die Bäche zusammengefasst und unter den Gleisen hindurchgeleitet. Fortan wuchs die Sinterterrasse also nicht mehr kreuz und quer, sondern zielgerichtet. Große Verantwortung für die fortschreitende Erweiterung trägt der erwähnte »Pelz«. Dieser besteht vor allem aus Moos und Kieselalgen, die den ausfallenden Kalk binden. 500 Gramm pro Stunde, 4,5 Tonnen pro Jahr verschmelzen mit dem absterbenden Moosgrund zu porösem Sintergestein. Schon 1938 war man derart begeistert von diesem Schauspiel, dass man es unter Naturschutz stellte. Und wie man die Niagarafälle über Nacht abschaltet, so geht auch beim wachsenden Wasserfall nicht mehr alles mit ganz natürlichen Dingen zu. Denn weil der lehmige Untergrund unter der Sintermauer wegzuschmieren drohte, wurde er schon 1986 mit Betonfundamenten verstärkt.

Adresse 54578 Nohn, www.nohn-eifel.de | Anfahrt Der Wasserfall ist nur zu Fuß zu erreichen. Ein möglicher Parkplatz liegt an der Straße von Nohn nach Stroheich (L 68, Höhe Nohner Mühle). | Tipp Ebenfalls dort an der L 68 steht ein restaurierter, bis 1938 noch betriebener und frei zugänglicher Kalkofen.

89_Das Waldgut Schirmau

Ein Leutnant und sein Einödhof

Das Waldgut Schirmau ist die Geschichte eines Auswanderertraums. Bis zum Anfang des 20. Jahrhunderts existierte hier lediglich ein ärmlich-erbärmlicher Bauernhof. Immer wieder stand er zum Verkauf, weil die Betreiber arg verschuldet waren. Dann jedoch verliebte sich Max von der Leyen, Spross einer reichen Krefelder Seidenweber-Dynastie, in den Landstrich. Als Folge der Industrialisierung war er damals fast baumlos, die Überreste der seinerzeit dominierenden Heide sind noch heute zu sehen. Von der Leyen, der als Leutnant zu einem Manöver in die Eifel abkommandiert worden war, erwarb den Hof 1905 für 30.000 Goldmark. Schon bald machte er sich an den Abriss der alten Fachwerkbauten und ließ ein repräsentatives Gut aus behauenen Bruchsteinen errichten. In der Folge wurden insgesamt 217 Hektar Land aufgekauft, und nach seiner Hochzeit 1919 diente die Schirmau dem Paar als fester Wohnsitz.

Seit 1977, als Emmy von der Leyen zehn Jahre nach ihrem Mann starb, gehört das Waldgut der Stadt Krefeld. Eine Stiftung unterhält hier unter anderem ein idyllisches Ausflugslokal. Zu erreichen ist diese Oase, wie der Name schon andeutet, nur über einen Waldweg. Denn wie eh und je liegt das Gehöft als völlig isolierter Einödhof in einem Seitental des Vinxtbaches (siehe Seite 192). Ganz nebenbei verläuft hier auch ein historischer Köhler- und Loheweg, auf den eine Stelltafel vor Ort hinweist. In sogenannten Niederwäldern der Umgebung wurden bis ins 20. Jahrhundert hinein junge Eichen geschält. Deren Rinde enthält Gerbsäure, und fein gemahlen wurde sie der Lohe zugesetzt, die man zum Gerben von Leder benötigte. Das ebenso anstrengende wie stinkende Handwerk starb schließlich aus, aber erhalten blieb so manches Fachwort aus dem Gerberlatein. So wurden etwa die langen Rindenstücke mit Hilfe biegsamer Weiden zusammengebunden. Und wer sie dann aus dem Wald beförderte, trug eine »Bürde«.

Adresse Waldgut Schirmau, 56651 Oberdürenbach, www.waldgut-schirmau.de | **Anfahrt** Autos erreichen das Gut am besten von Oberdürenbach aus, der Weg ist ausgeschildert. Nach Oberdürenbach gelangt man von Bad Neuenahr aus über die L 84 via Ramersbach. | **Öffnungszeiten** Das Café ist zwischen Mai und Oktober (Sa u. So 12–18 Uhr) geöffnet. | **Tipp** Sehr hübsch: ein Gang zum Berg Weiselstein mit Wacholderheide und Aussichtsturm.

90 Der Kalvarienberg

Als Prüm zum zweiten Mal verwüstet wurde

Als um 18 Uhr 50 an jenem 15. Juli 1949 die Brandglocke läutete, waren die Einwohner Prüms aufs Höchste alarmiert. Denn der Rauch kam vom Kalvarienberg im Nordwesten der Stadt. Anderthalb Stunden später dann die Katastrophe: Der Berg explodierte, 250.000 Kubikmeter Steine und Erdmasse flogen kilometerweit durch die Luft. Der Weltkrieg hatte das Eifelstädtchen zu 92 Prozent zerstört, der Wiederaufbau war noch in vollem Gange. Nun jedoch galt es, erneut eine niederschmetternde Bilanz zu ziehen. Die fürchterliche Detonation hatte zwölf Menschen getötet und 237 Häuser zum Teil komplett zerstört. 200 Familien wurden obdachlos.

Die Militärgeschichte des Prümer Kalvarienberges beginnt 1939. Da zog die Wehrmacht hier in 20 Metern Tiefe ein Bunkersystem ein, das dem Westwall integriert werden sollte. Während die US-Amerikaner als erste Besatzer die 160 Stollenmeter als Sanitätsbunker nutzten, verfolgten die auf sie folgenden Franzosen andere Pläne. Um genau diesen Westwall zu zerstören, wurde in Prüm Sprengstoff gesammelt. Insgesamt 500 Tonnen lagerten bald im Kalvarienberg, sämtliche Sorgen und Proteste der Bevölkerung wurden ignoriert.

Am Tag nach der Explosion war Prüm ohne Wasserversorgung, ohne Telefonanschluss, die Stadt glich einer Mondlandschaft. Immerhin war die – auch internationale – Solidarität so groß, dass man sich dank Spenden und tatkräftiger Unterstützung schon bald an den Wiederaufbau machen konnte. In alter Form nicht zu retten war allerdings der Kalvarienberg, der statt einer Kuppe nun einen Krater trug. Erklettert man seinen Rand, erschließen sich auch heute noch die Ausmaße der damaligen Geschehnisse. 190 Meter lang und 90 Meter breit ist dieser Riss, und an den Innenwänden geht es steil hinab. Auf dem höchsten Punkt erinnert ein Kreuz aus Basaltlava an die Opfer von 1949. Wer ihren Tod zu verantworten hat, wurde allerdings nie geklärt.

Adresse 54595 Prüm, www.pruem.de | **Anfahrt** Der Berg liegt nordwestlich vor Prüm. Von Norden auf der B 265 vor dem Ort hoch Richtung St-Josephs-Krankenhaus zur Straße Kalvarienberg. | **Tipp** In der Abteikirche liegt mit Lothar I. (795–855) jener deutsche Kaiser begraben, der die »Prümer Teilung« des Restreiches in die Wege leitete.

91 Die Grube Wohlfahrt

Hightech unter Tage

Bergbau wurde hier bereits im Mittelalter betrieben, zunächst im Tageslicht und nahe der Oberfläche. Erst nachdem man Mitte des 16. Jahrhunderts mittels eines Stollens das Grundwasser absenkte, konnten die Knappen in tiefere Lagen vordringen. Einen nächsten großen Einschnitt besorgte sodann der Grubenbesitzer Barthold Suermondt, indem er 1849 die erste Dampfmaschine installieren ließ. Während Suermondt jedoch lediglich auf schnelles Geld aus war, agierte die englische Firma »Continental Diamond Rock Boring Company Limited«, Pächter ab 1877, ausgesprochen nachhaltig. Weil die Wohlfahrt-Vorkommen allmählich zur Neige gingen, vereinigte man sie über unterirdische Schächte mit der benachbarten Schwalenbach-Grube. Eine zunächst mit Pressluft betriebene Lok brachte die Erze zur Aufbereitung ans Licht und beförderte neues Grubenholz in die fortschreitenden Stollen. Bald darauf war man in Rescheid bereits komplett elektrifiziert, die »Wohlfahrt« mutierte zu einem Hightech-Unternehmen ihrer Zeit. Die Jahre zwischen 1888 und 1907 wurden unter britischer Ägide zur wirtschaftlich erfolgreichsten Phase.

Gegen Ende des Ersten Weltkriegs, bei 520 Metern, war dann endgültig Schluss. Der Betrieb wurde eingestellt. Im Mai 1936 jedoch fand sich mit der Kölner Kabelfirma Felten & Guilleaume immerhin ein Interessent für die Abfälle des alten Erzbergwerks. Spezialisten errichteten nahe den einstigen Klärteichen eine Flotationsanlage, der sie allen Schlamm der Umgebung zuführten. Wieso? Weil er noch jede Menge Blei enthielt. Vier Jahre wurde hier noch einmal alles umgewälzt, mit der Ausbeute von 1.600 Tonnen Bleierzkonzentrat war man dennoch nicht zufrieden.

Ganz anders der Besucher von heute. Denn der gelangt hier seit den 1990er Jahren in ein ausgezeichnet aufbereitetes Besucherbergwerk samt angeschlossenem Ausstellungshaus.

Adresse 53940 Rescheid, www.grubewohlfahrt.de | **Anfahrt** auf der B 258 unterhalb von Schleiden bei Sistig ab gen Rescheid, dann den Schildern folgen | **Öffnungszeiten** Ausstellung Grubenhaus: täglich 10–16 Uhr; Führungen Bergwerk: täglich 11, 14, 15.30 Uhr und nach Vereinbarung unter Tel. 02448/911140 | **Tipp** Seinen Strom bezog das Bergwerk ab Anfang des 20. Jahrhunderts aus Heimbach vom dortigen hochmodernen Wasserkraftwerk (siehe Seite 98).

92 Der Vinxtbach

Kukemado, ein Pils – Luurens, ein Kölsch

Eigentlich handelt es sich hier nur um ein kleines, vollkommen unspektakuläres Flüsschen. Der Vinxtbach entspringt in der Nähe von Schalkenbach, um nach lediglich 19 Kilometern bei Rheineck in den Rhein zu münden. Dass er seinen West-Ost-Kurs recht gradlinig hält, hat jedoch zugleich mit der Bedeutung zu tun, die diesem Gewässer über Jahrtausende zukam.

Das Wort Vinxt stammt von lateinisch »finis« ab, meint also »Grenze«. Und schon die Römer nutzten den Bach als natürliche Scheide zwischen Ober- und Niedergermanien. An seiner Mündung soll eine Legionärsschänke des Namens »Ad Fines« gestanden haben. Und tatsächlich fand man im Vinxtbachtal einen antiken Weihestein zu Ehren der Fines, der römischen Grenzgottheiten. Direkt auf der anderen Seite des Rheins, in Rheinbrohl, begann dann der Limes. Dort zeugt heute ein rekonstruierter Wachturm von jener 548 Kilometer langen Grenze, die das Römische Reich vom nicht besetzten Teil Germaniens trennte. Auch im Mittelalter bildete das Bächlein eine Demarkationslinie, nämlich die zwischen den beiden Territorialmächten Kurköln und Kurtrier. Ebenso schieden sich hier der Ahr- und der Mayengau. Erst nach dem Zweiten Weltkrieg wanderte die Grenze dann ein wenig weiter nach Norden: Nordrhein-Westfalen und Rheinland-Pfalz stoßen erst zwischen Meckenheim und Bad Neuenahr-Ahrweiler aufeinander.

Nördlich die Ubier, südlich die Treverer, das machte den Vinxtbach gleichzeitig zur Sprachscheide. Die Linguisten unserer Tage setzen hier die Grenze zwischen dem fränkisch-ripuarischen und dem moselfränkischen Deutsch. Sagt man unten in Andernach »Kukemado«, so heißt es weiter nördlich an der Ahr im selben Fall »Luurens«. Im Zeitalter der grenzenlosen Mobilität verschwimmen solche dialektalen Grenzen jedoch allmählich ebenso wie jene kulinarische, die man einst dies- und jenseits des Vinxtbaches verortete: im Norden Kölsch, im Süden Pils.

Adresse Quelle bei 53426 Schalkenbach, Mündung bei 53498 Rheineck | **Anfahrt** A 61 bis Abfahrt Niederzissen | **Tipp** Sehr idyllisch ist eine Fahrradtour durch das Vinxtbachtal. Die L 87 begleitet den Bach bis zur Mündung in Rheineck.

93 Der Wasserfall

Die emsige Elz bei Burg Pyrmont

Setzt man touristische Maßstäbe an, dann ist die kleine Elz ein außerordentlich erfolgreicher Fluss. Ein paar Kilometer weiter südlich hat sie durch ihre Windungen mitgeholfen, jenen steilen Felsen zu formen, auf dem mit der Burg Eltz eines der spektakulärsten Bauwerke der Republik steht. Und hier, unterhalb der Burg Pyrmont, schwingt sie sich als Wasserfall über die Klippen. Was jedoch sommers recht romantisch wirkt, nimmt im Frühjahr während der Schneeschmelze dramatische Formen an. Dann stürzt der Elzbach, wie er auch genannt wird, als entfesseltes Element zu Tal. Ein erhabener Anblick, durchaus. Und eine echte Herausforderung für die Kajakfahrer, die sich hier hinunterstürzen.

Rund um den Wasserfall ist ein noch sehr mittelalterlich anmutendes Ensemble zu entdecken. Oben auf einem schroffen Bergsporn thront die Burg. Von ihrem ältesten Bauteil aus, dem romanischen Bergfried, sieht man bis hinüber zur Burg Eltz. Unterhalb der Festung hat sich die angeschlossene Mühle erhalten, in der sich heutzutage ein Restaurant befindet. Der Bach selbst springt kurz über eine noch nicht ganz weggeleckte devonische Schieferstufe, bevor er als Katarakt unter einer Bruchsteinbrücke hindurchjagt. Diese wiederum ziert ein kleines Heiligenhäuschen. Die Burg Pyrmont, ursprünglich verantwortlich für dieses Idyll, galt lange Zeit als schönste Ruine der Eifel. Erst seit 1990 präsentiert sie sich komplett renoviert und zugänglich für jedermann. Ein Museum erzählt von der Geschichte derer zu Pyrmont und Bassenheim, die sich seit der Ersterwähnung 1225 die schweren Schlüssel in die Hand gaben. Inzwischen kann man hier wieder Bücher und Kulinaria der Region kaufen, Feste feiern und sogar übernachten. Anderen mag es hingegen reichen, den erhabenen Sonnenuntergang zu genießen und den ein oder anderen Blick hinab zu werfen ins enge Tal der emsigen Elz.

Adresse 56754 Roes, www.burg-pyrmont.de | **Anfahrt** A 48 bis Ausfahrt Kaifenheim und dort an Roes vorbei Richtung Pillig | **Öffnungszeiten** Burg: Mai–Okt. Mi–So 11–17 Uhr | **Tipp** Selbstverständlich lohnt es sich immer, von hier aus noch einen Abstecher zur legendären Burg Eltz zu machen.

94 Der Kohlenmeiler

Frühe Industriegeschichte im Nationalparktor

Eine Idee setzt sich durch: Seit Anfang 2004 der Nationalpark Eifel ausgerufen wurde, beschert er der Region um Heimbach einen veritablen Aufschwung. Direkte Folge des Projekts sind die sogenannten Nationalparktore – museale Informationszentren, die vor Ort vom Naturraum Eifel und seiner Besiedlungsgeschichte erzählen.

Einen guten Überblick zur Historie der Eisenwerke und ihrer Zulieferer bekommt man im Nationalparktor Gemünd. Von hier aus führt ein »Eisen-Wanderweg« über 2,5 Kilometer ins benachbarte Mauel. Die Tour leitet den Wanderer an acht zum Teil interaktiven Stationen vorbei zu historischen Standorten. Während die Eisenverhüttung heutzutage sofort mit dem Ruhrgebiet assoziiert wird, hatte man sich in der Eifel bereits viele Jahrhunderte vorher an diese Technik gemacht. Im ehemaligen Reidtwerk am Gemünder Hermann-Kattwinkel-Platz etwa wurde über vier Jahrhunderte Eisen geschmolzen und geschmiedet. In Mauel wiederum landet man bei den Überresten einer 1902 gegründeten Spezialschmiede. Hier entstanden unter anderem Fahrradteile und Beschläge für Eisenbahnwaggons, bevor die Anlage 1966 geschlossen wurde.

Die Unmengen an Holzkohle kamen vor allem aus dem Kermeter, jenem Höhenzug, der das Kerngebiet des heutigen Nationalparks bildet. Über 1.200 Meiler sollen hier einst geraucht haben, allein für das Reidtwerk arbeiteten 1578 gezählte 74 Köhler. Kein Wunder, dass der Wald im 19. Jahrhundert so ausgebeutet war, dass die preußische Regierung Wiederaufforstungsprogramme initiierte. Gleichzeitig begann im Ruhrgebiet in der ersten Hälfte des 19. Jahrhunderts die industrielle Förderung von Steinkohle, deren Brennwert der Holzkohle weit überlegen war. Dennoch existierten im Kermeter noch nach dem Zweiten Weltkrieg vereinzelte Kohlenmeiler. Und wie solch ein Ofen funktioniert, erfährt man anhand eines Schaumodells wiederum im Gemünder Nationalparkzentrum.

Adresse Nationalparktor Gemünd, Kurhausstraße 6, 53937 Schleiden-Gemünd, www.nationalparktor.de/nationalparktorgemuend.html | **Anfahrt** Der Ort liegt an der B 265 nördlich von Schleiden. | **Öffnungszeiten** April–Okt. täglich 10–13 u. 13.30–18, Nov.–März täglich 10–13 u. 13.30–16 Uhr | **Tipp** Wer sich für die vorindustrielle Erzgewinnung interessiert, beschreite den Pingenwanderpfad im nahen Kall (siehe Seite 118).

95_Die Webstube

Das Erbe der Else Pfefferkorn

Das deutsche Weberhandwerk erlebte mit der englischen Industrialisierung Mitte des 19. Jahrhunderts einen völligen Niedergang. Gegen die britischen Maschinen hatten die Heimweber nicht die geringste Chance, einen Wettbewerb aufrechtzuhalten. Die Webstühle staubten vor sich hin, und der Holzwurm nahm seine Arbeit auf.

Am Leben gehalten wurde das Handwerk durch sogenannte Wanderhaushaltsschulen. In diesen sollten ab etwa 1900 junge Mädchen auf die Ehe und die Führung eines Hausstandes vorbereitet werden. Else Pfefferkorn (1894–1979) war eine der Frauen, die den nicht einfachen Beruf der mobilen Lehrerin begeistert ergriffen. Geboren in Frankfurt, arbeitete sie schon während des Ersten Weltkriegs mehrmals freiwillig als Knecht auf abgelegenen Höfen. Schon früh zog sie auch zeichnend über Land, bevor sie ihre Leidenschaft für das Weberhandwerk entdeckte. Um es vor dem Aussterben zu retten, gab sie nicht nur zeitlebens Unterricht, sondern schrieb zudem zahlreiche Abhandlungen zum Thema. Else Pfefferkorn, auch als Naturschützerin und Tierrechtlerin früh aktiv, wurde zu einer Institution. Selbst ansässig im Flecken Heisdorf und später in Nimsreuland, unterstützte sie nach dem Zweiten Weltkrieg auch die nahe Webstube in Schönecken. Bis heute stehen hier zwei rund 100-jährige Webstühle, die Pfefferkorn durch Aufkauf bei den Bauern vor dem Verfall bewahrte. Insgesamt vier historische Flach- und ein Hochwebstuhl verwandeln die »Eifeler Webstube« beinahe in ein Museum – würde hier nicht noch regelmäßig gearbeitet. Denn das Erbe der Else Pfefferkorn bewahrt bis heute die Textilgestalterin Irmhild Thome. 1944 geboren, bezog sie 1966 ein Atelier in Schönecken. Schon Else Pfefferkorn hatte – unter Berücksichtigung der Eifeler Traditionen – auch auswärtige Muster und Stoffe integriert. Unter Irmhild Thome wird dieses Konzept als »offene Weberei« weitergeführt.

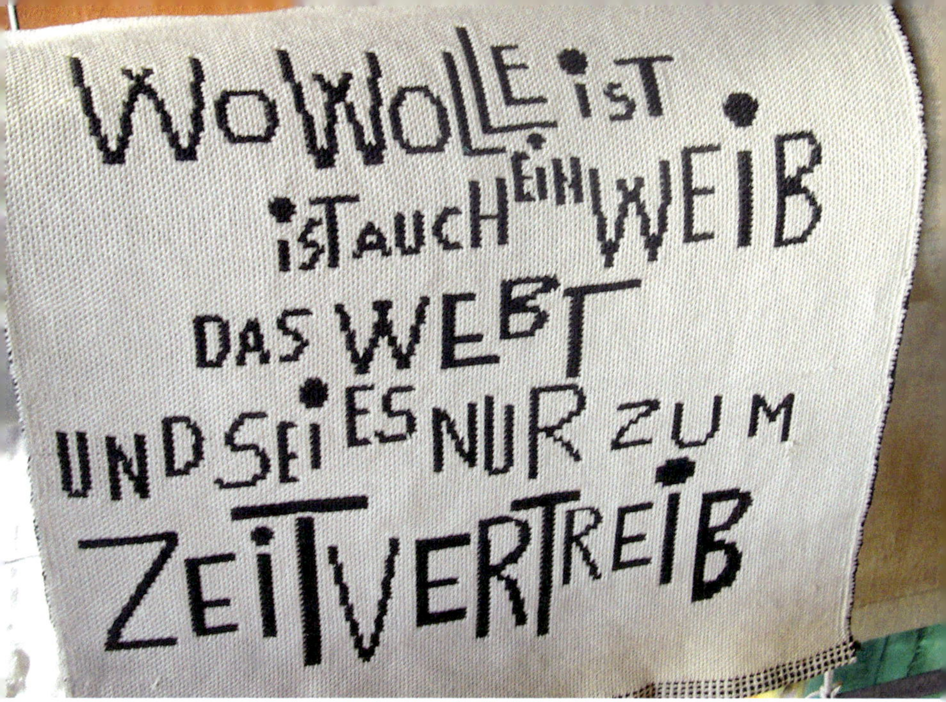

Adresse Hinter Isabellen 36, 54614 Schönecken, www.schoenecken-eifel.de/weberei.htm | **Anfahrt** A 60 bis Ausfahrt Prüm und über die L 16 gen Schönecken | **Öffnungszeiten** nach Absprache unter Tel. 06553/2267 und 2425 | **Tipp** Ein Heimweberei-Museum findet man im Drei-Maare-Dorf Schalkenmehren (www.heimweberei-museum.de).

96 Der Wetteldorfer Richtschnitt

Ein Örtchen macht Weltkarriere

Ein Richtschnitt, so belehren uns die Lexika, ist ein »künstlich aufgeschlossenes Profil zur eindeutigen Definition einer chronostratigrafischen Grenze«. Für Laien gibt es hier vordergründig nicht wirklich viel zu sehen. Am ehesten fällt noch das Dammwild ins Auge, das den steilen Grashang beäst. Dahinter jedoch steht eine Holzhütte, die ein spektakuläres Geheimnis birgt.

Leben kann man nicht in diesen vier Wänden, denn statt Wohnutensilien offenbart ein Blick ins einzige geöffnete Fenster lediglich eine diffuse Schutthalde. Die älteren Einheimischen hatten hier auf der Oberst Roes allerdings den spannendsten Spielplatz ihrer Jugend. Schon mit dem ersten Aushub des Schäufelchens, so erzählt man sich, stießen die Kinder auf versteinerte Tiere und Pflanzen. Muscheln, Schnecken, Trilobiten und Brachiopoden nahm man einfach mit nach Hause und stellte sie in die Vitrine. Dass diese Funde auch für Geologen interessant sein könnten, bestätigte sich bereits bei Grabungen in den 1930er Jahren.

Nach dem Krieg dann machten die Wetteldorfer Fossilien Weltkarriere. Wunderbar deutlich unterscheidet sich hier eine Gesteinslage von der erdgeschichtlich folgenden. Nachdem das Frankfurter Senckenberg-Institut die Vorarbeit geleistet hatte, liefen Wissenschaftler aus allen Ländern des Erdballs auf – und schwelgten im Geologenglück. 1981 schließlich wurde der Wetteldorfer Hügel zum global verbindlichen Richtschnitt, der den Übergang vom Unter- zum Mitteldevon festlegt.

Ironie der Geschichte: Wetteldorf ist zwar älter als Schönecken, aber von diesem inzwischen geografisch und verwaltungstechnisch geschluckt worden. Schuld daran, so hört man, sei die Burgruine Schönecken. Ungerecht eigentlich, denn schließlich ist diese rund 390 Millionen Jahre jünger als die Wetteldorfer Attraktion.

Adresse 54614 Schönecken-Wetteldorf, www.schoenecken.de | Anfahrt A 60 bis Ausfahrt Prüm und über die L 16 gen Schönecken, an das sich Wetteldorf südlich anschließt. Im Ort in die Straße Danielsberg, 2. rechts und an der Gabelung wieder rechts. Kleine Holzschilder weisen den Weg. | Tipp Im benachbarten Schönecken ist außer der Burg auch die historische Webstube interessant (siehe Seite 198).

97 Der heilige Vogt

Ein unverwester Leichnam im Gotteshaus

Die Kirche St. Peter zu Sinzig liegt auf einem Hügelsporn eingangs jenes Tals, durch das die Ahr in den Rhein mündet. Hier siedelte man schon zu Römerzeiten, und ein im Gras liegendes Mühlrad erzählt von der jüngeren Geschichte der Region.

Aus der Zeit der Mühlräder stammt auch der »heilige Vogt«, ein auf rätselhafte Weise unverwester Toter aus dem frühen 18. Jahrhundert. Wie Schneewittchen ruht er heutzutage in einem gläsernen Sarg, der seinen Platz in der ehemaligen Taufkapelle hat. Verblasste Wandmalereien zeugen hier noch von den in den 1960ern frevelhaft ausgelöschten Fresken des Gotteshauses. Mancher mag die Szenerie ein wenig gruselig finden, aber wie der Tote daliegt, das hat auch etwas Rührendes. Ledrig-schwarz und sehr zerbrechlich wirkt dieser Mann, der ganz im Sinne der Redewendung nur aus Haut und Knochen besteht. Die Arme über der Brust verschränkt, die Beine leicht schief verwinkelt und die nackten Lenden züchtig mit einem weißen Tüchlein bedeckt, so präsentiert er sich den Besuchern.

Aber das war nicht immer so. Historische Quellen sprechen davon, dass man mit dem Vogt allerlei respektloses Bohei getrieben hat. So wurde er bei Umzügen mit durchs Dorf geschleppt und auch schon einmal des Nachts vor fremden Türen abgelegt. Die Fürstäbtissin Maria Kunigunde erbarmte sich schließlich um 1776 seiner und ließ ihn bekleiden. Zugleich wurde ihm seinerzeit jedoch bereits eine volkstümliche Art der Verehrung entgegengebracht, mit der der Klerus nicht so recht umzugehen wusste. So fragte noch 1829 der Sinziger Pfarrer in Trier an, wie er der Mumien-Huldigung begegnen solle.

Wie sein Erhaltungszustand und seine Herkunft, so ist auch der Name dieses Mannes nie wirklich ermittelt worden. Die einen nennen ihn den »heiligen Vogt«. Für andere ist er jedoch schlicht der »dude Leichnam«.

Adresse Kirchplatz, 53489 Sinzig, www.kath-kirche-sinzig.org | Anfahrt A 61 bis Dreieck Sinzig und dort auf die A 571, die in die Stadt führt | Öffnungszeiten täglich 9–18 Uhr | Tipp Die fröhliche Madonna mit dem Jesukind links vor der Vogtklause stammt aus der Mitte des 14. Jahrhunderts.

98__Die US-Airbase

»Seek, Attack, Destroy«.

Wenn man in der Nähe ist, ja, dann sieht man die Airbase auch. Auf manchen Landkarten hingegen ist dieses Areal des US-Militärs gar nicht eingezeichnet, ganz so, als handelten die Kartografen hier auf Anweisung von oben. Man kennt dieses Vorgehen aus der DDR, wo in Sachen Geografie manch klandestines Niemandsland konstruiert wurde. – Aber hier, mitten in der Eifel? Zumal es sich nicht lediglich um einen kleinen Flugplatz, sondern um ein riesiges Gebiet handelt?

Die Airbase erstreckt sich nördlich der B 50 von Spandahlem bis nach Niederkail. Ein hoher, fester Zaun sichert das Revier, und Warnschilder verbieten so gut wie alles: neben Schießen und Sprengen auch Rauchen und Fotografieren. Damit die Vorschriften im Bedarfsfall auch durchgesetzt werden können, verläuft dies- und jenseits des Zauns eine Wachstraße. Wer dennoch die Kamera zückt, blickt sich automatisch ängstlich um.

Angelegt wurde diese vollkommen abgeriegelte Welt 1971 für die 52. Fighter Wing der US-Airforce. Stolz verkündet man auf der Homepage, dass man hier als erstes Jagdgeschwader außerhalb des US-Festlandes einen »Einsatzauftrag zum Niederhalten der gegnerischen Abwehrkräfte« erhielt. Zunächst eingerichtet als Folge der Konfrontation von Ostblock und NATO, wurde aus dem Kalten Krieg längst ein heißer. Als 1991 die Operation »Desert Storm« startete, also der zweite Golfkrieg, flog die Einheit über 3.900 Einsätze. Nach eigenen Angaben waren dabei 142 Treffer auf Radaranlagen zu verzeichnen, aber kein einziger Verlust an Flugzeugen oder Personen. Während der Bitburger Militärflugplatz 1994 geschlossen wurde, ging es im zehn Kilometer östlich gelegenen Spangdahlem weiter zur Sache. Von hier aus wurden sowohl Bomben gen Irak als auch nach Bosnien transportiert. Und damit hier keiner auf falsche Gedanken kommt, prangt am Haupttor gut sichtbar die Losung des Geschwaders: »Seek, Attack, Destroy«.

Adresse 54529 Spangdahlem, www.spangdahlem.af.mil | Anfahrt A 60 bis Abfahrt Spangdahlem. Das Areal erstreckt sich zwischen L 46 und B 50. | Tipp Ein thematischer Bezug besteht zum Soldatenfriedhof Kolmeshöhe in Bitburg (siehe Seite 46).

99 Das Eichholzmaar

Zehntes Auge der Eifel

Noch zu Anfang des 20. Jahrhunderts, so erzählt man sich, hat der Dorfpfarrer hier Forellen gezüchtet. Aber anscheinend ist der Kalorienertrag einer Weide höher als der eines Fischteiches. Denn das Wasser wurde in den 1920ern abgelassen und sein schnell bewachsener, fruchtbarer Grund dem Vieh ausgeliefert. 100.000 Jahre oder mehr hatte hier ein See gelegen, bevor man ihn für 80 Jahre künstlich verlandete.

Um das Eichholzmaar wiederzubeleben, mussten Wissenschaftler hinzugezogen werden. Diese wiesen anhand von Bodenproben einwandfrei nach, dass es sich hier nicht um irgendeine Erdvertiefung, sondern um ein verlandetes Maar handelte. Auf halber Strecke der 23 Meter tiefen Kernbohrung stieß man dabei auf die Tuffreste des verheerenden Laacher-See-Ausbruchs vor 13.000 Jahren. Außerdem liegt der Trichter auf einer von Nordwest gen Südost verlaufenden geologischen Bruchkante. Im Nachhinein betrachtet ist diese Renaturierung ein echter Glücksfall. Dieses nur 120 Durchmessermeter große, fast kreisrundes Gewässer versprüht einen sehr vorzeitlichen Charme. Und vom stehenden Wasser und seinen Böschungen profitieren zudem die Vögel. Auf einer Tafel im hölzernen Aussichtsturm dokumentiert der Eifelverein akribisch, wer sich hier wann blicken ließ: unter anderem der Raubwürger, der Neuntöter, aber auch die Turteltaube. Von dort aus, dem westlichen Rand des Sees, gelangt man auch nach wenigen Minuten zum Steffelner Drees, einer stark eisenhaltigen Mineralquelle.

Rund 350 Vulkane gibt es in der Eifel. 75 von ihnen wuchsen sich zu einem Maar aus, als aufsteigendes Magma auf Grundwasser traf und explodierte. Aber nur in neun Fällen blieb dabei ein Maarsee zurück, jedenfalls bis 2007. Denn dann, nach jahrelanger Vorbereitung, steuerte man einen kleinen Nebenfluss des Oosbaches in jenen alten Kessel, und das Eichholzmaar erstand aufs Neue: als zehntes Auge der Eifel.

Adresse 54597 Steffeln, www.steffeln.de | Anfahrt B 421 bis Lissendorf und dort ab nach Steffeln. Das Maar liegt auf halber Strecke westlich der Straße zwischen Steffeln und Duppach. | Tipp Nahebei am Steffelnkopf liegt der touristisch erschlossene Vulkangarten Steffeln in einer alte Lavagrube (siehe Homepage des Ortes).

100 Die Grabes-Äpfel

Hermann Josef und das Jesukind

Die Klosterkirche von Steinfeld wurde dank des heiligen Hermann Josef zum Wallfahrtsort. Sein Grab, gefertigt aus Urfter Marmor und geschmückt mit einer Alabaster-Figur, steht nicht in einer der seitlichen Nischen, sondern mitten im Hauptgang. Und wie das bei vielen Heiligen so ist, bekommt auch er Geschenke von seinen Verehrern. Aber warum ausgerechnet Äpfel?

Hermann wurde als Sohn einer armen Familie gegen Mitte des 12. Jahrhunderts in Köln geboren. Die Legende will, dass er eines Tages, noch als kleiner Junge, mit einer Madonnenfigur spielte. Als er dabei dem Jesukind auf ihrem Arm einen Apfel reichte, habe dieses zugegriffen und Maria sich ihm zugeneigt. Ein Wunder war geschehen, und die mystische Verbindung zur Mutter Gottes brachte Hermann den Beinamen Josef ein.

Das Örtchen Steinfeld liegt auf einem Hügel über der Urft. Der Kölner Knabe gelangte bereits als Zwölfjähriger hierhin, zunächst als Chorherr des Prämonstratenser-Klosters. Später wurde er zum Priester geweiht. Auch die zwischenzeitliche Säkularisierung der Anlage sowie die Übernahme durch die Salvatorianer konnten dem Hermann-Josef-Kult nichts anhaben. Bis heute liegen die Äpfel der Pilger sowohl im Kloster Steinfeld als auch zu Füßen der Kölner Madonna in St. Maria im Kapitol. 1958 wurde Hermann Josef von Papst Pius XII. heiliggesprochen, und weil er zeitlebens als geschickter Feinmechaniker galt, wurde er zum Patron nicht nur der Apfelbauern, sondern auch der Uhrmacher.

Wer selbst einmal Hermann Josefs Beistand benötigt, kann ihn vom Kloster Steinfeld aus auch bequem mit auf Reisen nehmen. Als er hier selbst noch die Messe las, war der Mönch stets vorher hinab zur Urft gestiegen, um frisches Wasser zu holen. An dieses Ritual knüpfen die heute hier lebenden Salvatorianer an und verkaufen im Eingangsbereich kleine Fläschchen: geweihtes Wasser à la Hermann Josef.

Adresse Hermann-Josef-Straße 4, 53925 Steinfeld, www.kloster-steinfeld.de | **Anfahrt** A1 bis Ausfahrt Nettersheim und über Nettersheim zum Kloster | **Öffnungszeiten** täglich 9–12 u. 14.30–17.00 Uhr | **Tipp** Südlich des Klosters in Marmagen liegen die Wurzeln von Gustave Eiffel (siehe Seite 146).

101 Die Lavabombe

Schneeballeffekt im Vulkankrater

Wenn man von Gillenfeld aus am Strohner Kreisverkehr anlangt, sieht man in dessen Mitte einen Vulkanstein. So what?, denkt man sich, das soll die berühmte Lavabombe sein? Aber nein, weit gefehlt. Denn in das Strohner Riesen-Ei passt dieses Steinchen so etwa 20 Mal hinein.

Zutage trat die Lavabombe 1969 bei Sprengungen am inzwischen praktisch vollkommen abgebauten Wartgesberg. Offenbar hatte der fast fünf Durchmessermeter große und 120 Tonnen schwere Brocken einst zur Kraterwand gehört und war nach mehrmaligem Auf und Ab auch wieder mit dieser verbacken. Elf Jahre nach der Freilegung organisierte man in Strohn eine Planierraupe und transportierte den Oschi auf einer Eisenplatte über den Schnee ins Dorf.

In der Vulkanforschung unterscheidet man echte von unechten Lavabomben, wobei diese Bewertungen nichts mit herkömmlicher Authentizität zu tun haben. Die »echten« Bomben schießen aus dem rund 1.200 Grad heißen Explosionskrater, landen irgendwo auf dem Boden und erkalten dort. Ihre zumeist spindel- oder tropfenförmige Gestalt verdankt sich den Fliehkräften während des Fluges. Die »unechten« Bomben hingegen sind vielleicht mehrmals wieder in ihre Lavahölle zurückgerollt, haben Schichten gebildet und sich mit anderem Material zusammengetan. Wie für Schneekugeln, so gilt auch für Lavabomben: Je länger sie rollen, desto dicker werden sie.

Wer sich den Strohner Riesen ansieht, erkennt sofort, dass es sich hier um eine unechte Bombe handelt. Der ganze Stein wirkt wie von einem Kind modelliert, da wurde mal hier, mal dort noch ein Stück Knetmasse hinzugefügt, mal in größeren Mengen, mal als winziger Einschluss. Logischerweise können solche plastischen Brocken deutlich größer werden als die echten Lavabomben. Wer beide Arten miteinander vergleichen möchte: Auch von letzterer Spezies liegt ein 2007 gefundenes, recht ansehnliches Exemplar vor Ort.

Adresse Zur Schweiz, 54558 Strohn | **Anfahrt** A 1 bis Ausfahrt Manderscheid und über Gillenfeld nach Strohn, das Sträßchen Zur Schweiz zweigt in Höhe Vulkanhaus von der Hauptstraße ab. | **Öffnungszeiten** jederzeit frei zugänglich | **Tipp** Weitere Informationen zum Vulkanismus liefert das Vulkanhaus Strohn (www.vulkanhaus-strohn.de).

102 Der Brubbel

Ein wallender Born

Es ist interessant, das Verhalten der Zuschauer zu beobachten. Irgendwie ungläubig stehen sie um dieses an sich harmlos aussehende Wasserloch herum. Da unten in der gemauerten Fassung soll gleich etwas losbrechen? Aber dann nähert sich erneut jemand dem Brunnen, beugt sich kurz über die Einfassung und weicht schnell wieder zurück. Schließlich stehen da gut sichtbare Warnschilder, die besagen, dass der »wallende Born« zuweilen ausgesprochen heftig ausbrechen kann.

Bekannt ist: Dieses nur scheinbar stille Wasser wächst sich alle 35 Minuten zu einer bis zu vier Meter hohen Fontäne aus. Damit zählt es zu den ganz wenigen Kaltwassergeysiren in Europa. Wie für so vieles in der Eifel ist auch hier der Vulkanismus verantwortlich. Unterirdische Lager reichern das Grundwasser mit Kohlenstoffdioxid an, jenem Gas, das der Laie schlicht Kohlensäure nennt. Irgendwann jedoch ist das Wasser gesättigt, und das überschüssige Gas muss entweichen. Auf breiter Fläche geschähe dies gleichmäßig und unauffällig durch das Erdreich hindurch. In Wallenborn jedoch wurde dem Grundwasser ein Loch gebohrt, auf das sich das austrittswillige Gas konzentriert. Und deshalb geschieht hier letztlich genau dasselbe wie in der geschüttelten Wasserflasche: Die Chose explodiert.

Schon 1225 wird der Name Wallenborn erstmals erwähnt – wallende Borne (Brunnen) scheinen hier also bereits damals beobachtet worden zu sein. Live vor Ort: Nach einer guten halben Stunde beginnt das Wasser zu brubbeln – daher der volksmündliche Name. Schnell verstärkt sich die Spannung, und die Fontäne schießt heraus. Einmal ausgebrochen, währt das Spektakel allerdings nur wenige Sekunden. Die Säule sinkt in sich zusammen, das Grundwasser fällt auf sein altes Niveau und beruhigt sich. Ganz zu Ende ist die Show damit jedoch noch nicht. Denn was zurückbleibt, ist Gestank. Der fürchterliche Rülps eines Riesen.

Adresse Kirchstraße, 54570 Wallenborn, www.wallenborn-eifel.de | Anfahrt Der Ort liegt an der B 257 südwestlich von Daun. | Öffnungszeiten tagsüber gegen kleinen Eintritt | Tipp Noch viel höher ist der Geysir von Andernach am Rhein (www.geysir-andernach.de). Auf weitere vulkanische Mofetten stößt man auf dem Wallenborner »Brubbelpfad« (siehe Homepage).

103_ Die Bunte Kuh

Eine Felsnase aus devonischem Schiefer

Wie es da vorkragt, dieses Gebilde, zugleich filigran und frech, wirkt es durchaus tierhaft. Aber wie eine Kuh sieht es nun wirklich nicht aus, und bunt ist es schon gar nicht. Warum die Felsnase dennoch zu genau diesem Namen kam, »Bunte Kuh«, liegt wie so oft im Dunkel der Sagenwelt. So erzählt eine Version vom bösen Ritter, der hier oben wegelagerte. Eines Tages hielt ein vermeintlich heiliges Glöckchen seine Schergen vom Überfall ab. Und als sich herausstellte, dass da nur eine Kuh gebimmelt hatte, schmiss er selbige in den Abgrund.

Wie dem auch sei, die markante Felsformation an dieser engsten Stelle des Ahrtals erregte zu allen Zeiten Aufsehen. Im 19. Jahrhundert machten hier Poeten wie Ernst Moritz Arndt und Gottfried Kinkel Halt, um sich von diesem romantischen Anblick zu Gedichten und Gesängen inspirieren zu lassen. Mit dem Einzug der Fotografie bot sie dann auch ein beliebtes Postkartenmotiv. Wer die historischen Fotos betrachtet, stellt fest: Die Bunte Kuh hat sich seither kaum verändert. Dies verwundert umso mehr, wenn man sich einmal genau unterhalb des Felsens platziert. Dann nämlich sieht man, wie dünn die Platte dort oben nur ist. Dass sie dennoch allen Wetterunbilden getrotzt hat, liegt zum einen am Material selbst. Denn dieses Sagenwesen besteht nicht aus vergänglichen Haut und Knochen, sondern aus hartem devonischen Schiefer. Weil aber auch der mit der Zeit leidet, wurden zahlreiche dicke Schrauben durch den Stein getrieben.

Verständlich, dass die Walporzheimer bestrebt sind, ihrem Wahrzeichen das Leben zu retten. Schließlich verdankt der Weinort dieser Kuh nicht zuletzt seinen guten Ruf. Und damit ist man auch schon bei jener weitaus profaneren Erklärung ihres Namens. Französische Soldaten sollen den Ahrwein mit den Worten »C'est bon de goût« gelobt haben. Und die Walporzheimer Winzer verstanden: bunte Kuh.

Adresse 53474 Walporzheim, www.walporzheim.de | **Anfahrt** Die Bunte Kuh liegt an der B 267 zwischen Walporzheim und Marienthal. | **Tipp** Eine weitere auffällige Felsformation ist das Teufelsloch bei Altenahr ein paar Kilometer weiter flussaufwärts (siehe Seite 12).

104_ Der Arensberg

Eine Westernkulisse aus Basalt

Im Arensbergkrater könnte man Spielfilme drehen, am besten einen Western. Leicht bergan geht es zunächst, bis man jäh vor einer steil aufragenden Felswand steht. Allein der Zugang zu diesem einstigen Vulkan ist die Anreise wert. Denn weil auf natürlichem Wege nichts zu machen war, hat man hier einen 50 Meter langen Stollen in den Fels getrieben. Mit seinem hölzernen Stützwerk ähnelt er tatsächlich der Kulisse eines Goldsucherfilms.

Seine Existenz verdankt dieser Berg zwei weit zurückliegenden Vulkanausbrüchen. Vor 32 und noch einmal vor 24 Millionen Jahren explodierte hier die Erde. Das Magma bahnte sich unaufhaltsam seinen Weg durch Schiefer, Kalk und Bundsandstein, um schließlich alles in die Luft zu jagen. Was die Masse nach ihrem Erkalten zurückließ, war eine gewaltige Kuppel aus Basalt. Auf dieses Material hatten es dann ab dem 19. Jahrhundert die Menschen abgesehen. So sehr, dass man ein gerade in der Eifel überraschendes Sakrileg beging und die alte Kirche auf der Bergeshöhe abriss. Sie hatte dort seit dem 12. Jahrhundert gestanden und lange als Ziel von Wallfahrten gedient. Auf dem Weg hinauf zum Stollen passiert man heutzutage links am Wegesrand die kleine Arnulphuskapelle, die an das ehemalige Gotteshaus erinnert.

Dem historischen Basaltabbau verdankt der Besucher unserer Tage, dass er sich hier mitten im Schlot eines Vulkans fühlen darf. Wie ein Kind seinen Eisbecher auskratzt, so legten die Steinbrecher den alten Ausbruchstrichter frei. Überall verstreut finden sich noch große Exemplare des schwarzbläulichen Gesteins, das heute vor allem im Unterbau von Straßen und Bahnlinien Verwendung findet. Wenn man hier allein ist, an einem rauen Tag womöglich, kommt man vielleicht auf die Idee, irgendwer habe die Brocken in böser Absicht herunterrollen lassen. Und oben, am Kraterrand, stehen die Banditen.

Adresse 4578 Walsdorf-Zilsdorf, www.walsdorf-vulkaneifel.de | **Anfahrt** Am nächsten an den Krater heran kommt man über den von Zilsdorf aus zu erreichenden Waldparkplatz. | **Tipp** Der Arensberg ist Teil des Geopfades Hillesheim (www.geopfad.de).

105 Das Devonium

Die Eifel vor 400 Millionen Jahren

In Waxweiler steht eines jener kleinen, feinen Museen, die ursprünglich auf eine private Initiative zurückgehen, um dann dank Sponsoring und moderner Museumstechnik darüber hinauszuwachsen. Untergebracht ist das Devonium im örtlichen Haus des Gastes, und ein solches war das Gebäude tatsächlich schon immer. Bis in die 1980er nämlich wurde in diesen Räumen eine Kneipe betrieben.

Jahr für Jahr war das Ehepaar Rebske aus Bergisch Gladbach nach Waxweiler gekommen, um im dortigen Steinbruch nach Fossilien zu suchen. Die Funde waren so reichhaltig, dass die beiden zunächst das ehemalige Schulgebäude zum Lager umfunktionierten. Ab 2003 begannen dann die Planungen für ein eigenes Museum mit Objekten aus der Region. Entsprechend dem Namen steht hier das Devon-Zeitalter im Zentrum des Interesses, jene Epoche also, in der die Pflanzen dem Wasser entstiegen und oberirdisch zu wachsen begannen. Waxweiler lag seinerzeit in einem weiträumigen Flussdelta, und die Entwicklung von der Meeresalge zur Flechte oder zum Moos ebnete zugleich den Weg für die ersten Landtiere, die so etwas zu fressen vorfanden. Das Devonium versteht sich dabei nicht als begehbares Lehrbuch, sondern als interaktiver, die Neugier weckender Erlebnisraum. Ein im Boden eingelassenes Becken demonstriert den Wasserpflanzenwuchs in Echtzeit, verschiedene Animationen vollziehen den Wandel der Gezeiten hier in der Südeifel nach. Und wie lang 400 Millionen Jahre sind, vermittelt eine Stimmenkompilation. Wollte man die gesamte Zeitspanne durchzählen, bräuchte man dafür übrigens rund 26 Jahre.

Auch heute noch gestattet es Steinbruch-Betreiber Köppen, dass dort am Wochenende Hobby-Geologen mit ihren Hämmerchen und Schäufelchen auflaufen. Und sinnigerweise wurde mittlerweile sowohl ihm als auch dem Initiatorenpaar eine eigene Pflanze gewidmet: die Koeppenia eifeliensis und die Rebskeella waxweilerensis.

Adresse Hauptstraße 28, 54649 Waxweiler, www.devonium.de | Anfahrt A60 bis Ausfahrt Waxweiler, dann der Beschilderung folgen | Öffnungszeiten Mo, Di, Fr 9–12 und 13.30–16.30 Uhr, Do 9–12 Uhr; Juni–August Sa 10–12 u. So 14–17 Uhr und nach Vereinbarung, Tel. 06554/811 | Tipp Im unfernen Arzfeld stößt man auf die Geschichte der Klöppelkrieger (siehe Seite 16).

106 Die Kohlensäure-Caldera

Sprudelndes Wasser aus dem Untergrund

Wer nach Wehr will, muss bergab. Der Ort liegt in einer Mulde, begrenzt von sanft abfallenden Hügeln und umgeben von friedlichen Äckern. Aber so idyllisch wie heute ging es hier nicht immer zu, liegt Wehr doch mitten in einem ehemaligen Vulkan. Hier brodelte zuletzt vor gut 150.000 Jahren die Erde, und auch heute noch birgt der Untergrund manches Geheimnis. Beim Spaziergang durch diese Caldera, so der Fachausdruck, stößt der Besucher alle Naslang auf schwarze, rund fünf Meter hohe Behälter. Im ersten Moment erinnern sie an Silos, die den Bauern zur Futteraufbewahrung dienen könnten. Aber dem stehen die verschiedenen Rohre, Pumpen und elektrischen Verkabelungen des erratischen Ensembles entgegen. Was hier gefördert wird, ist Wasser, allerdings ein ganz speziell angereichertes. Denn im Wehrer Kessel lagert das größte Kohlensäurevorkommen Europas.

Kein Bier, keine Cola ohne Kohlensäure. Auch bei der Trinkwasseraufbereitung, beim Schweißen oder Schockfrosten kommt das Gas zum Einsatz. Dabei genießt der Ausgangsstoff beileibe keinen guten Ruf: CO_2, also Kohlendioxid, gilt als Klimakiller. Seine Entstehung verdankt sich wiederum vulkanischen Umtrieben. Fünf Kilometer unter dem Dorf tobt ein Magmaherd, der das Gas durch die Gesteinsschichten gen Erdoberfläche entlässt. Erst in Verbindung mit Grundwasser wird es zu Kohlensäure, wie auch an vielen anderen Brunnenorten der Eifel. »Das Brausen des Gases, welches sich zum Teil in kopfgroßen Blasen entwickelt und das Sauerwasser fußhoch emportreibt, ist so stark, dass es schon in bedeutender Entfernung gehört wird«, schrieb 1863 ein Geologe. Und ein Erzbergwerk am Westrand des Wehrer Kessels schloss 1890 »wegen giftiger Gase«. 1966 jedoch trat die Firma Carbo auf den Plan und führte erste Probebohrungen durch. Inzwischen werden hier neun Tonnen Kohlensäure produziert – stündlich. Und das menschenfeindliche Sauer- mutierte zum begehrten Sprudelwasser.

Adresse 56653 Wehr, die Förderanlagen finden sich verstreut über den ganzen Kessel. | **Anfahrt** A 61 bis Ausfahrt Wehr | **Tipp** Auch die sogenannten Mofetten – aufsteigende Gasblasen – am Ostufer des Laacher Sees bestehen aus CO_2.

107 Das Tuffsteinzentrum

Eine Industriegeschichte der Vulkanasche

Er ist hell, weich, fein und enthält kaum Fremdgestein. Weiberner Tuff gilt seit der Antike als Baumaterial der besonderen Art. Wie Basalt verdankt sich auch dieses Gestein vulkanischen Eruptionen. Aber während ersterer aus erkalteter Lava entsteht, bildet sich Tuff aus jener Asche, die bis zu 20 Kilometer in den Himmel steigt, um danach einen ganzen Landstrich zu bedecken. In Weibern ist diese Tuffschicht, man glaubt das kaum, bis zu 160 Meter dick.

Den Dorfmittelpunkt bildet die – selbstverständlich aus Tuff gehauene – Mariensäule. Ihre Inschrift kommt recht anspielungsreich daher: »Du bist gebenedeit unter den Weibern«. Vorbei an einer beinahe nahtlosen Reihe aschheller Steinhäuser gelangt man zum westlichen Ende. Dort steht das Weiberner Fenster, ein offenes Gemäuer, das Anschauungsunterricht in Sachen Tuff gibt. Er lässt sich relativ leicht schneiden, ohne auszureißen, und ist offen für verschiedene Oberflächenstrukturen – sei es plan geschliffen, diagonal gebeilt oder altdeutsch scharriert. Hinter einem museal renovierten Tagebaukran führt eine Anhöhe zum Arbeitsplatz des Steinhauervereins, in dem auch heute noch manches schöne Werkstück entsteht. Bis in die 1950er Jahre jedoch erreichte der Export ganz andere Ausmaße. Die hier gebrochenen Blöcke gelangten über Andernach auf den Rhein und in die Metropolen, vor allem nach Köln. Seien es romanische Kirchen wie Groß St. Martin oder die Rathausfassade mit ihrem Figurenensemble: Überall kam Weiberner Tuff zum Einsatz.

Dementsprechend begehrt waren dann auch stets die Weiberner Steinmetze. Verstreut in alle Winde, fielen sie am Wochenende zu Hunderten wieder in ihr Dorf ein. Ihre Schänke neben dem Bahnhof ist heute verschwunden, die Station selbst hingegen wurde umgewidmet. Hier befindet sich, als Abrundung des Weiberner Tuffsteinzentrums, ein kleines, feines Steinmetzmuseum.

Adresse 56745 Weibern, www.weibern.de | **Anfahrt** B 412 bis Kempenich, dort gen Weibern auf die L 83 | **Öffnungszeiten** Museum: nach Voranmeldung, Tel. siehe Website | **Tipp** Der Steinhauerverein bietet Kurse für Hobby-Steinmetze an, siehe www.steinhauervereinweibern.de.

108 Das Förstergrab

Das Kreuz mit dem Kreuz

Der Friedhof von Weidenbach bildet ein schlichtes Geviert mit mehr oder weniger homogener Gestaltung. Am dorfseitigen Rand jedoch steht ein seltsames Objekt, eine richtige Skulptur. Nähert man sich ihr, dann erkennt man: Die Basis ist hier ein modellierter, gut zwei Meter hoher Baumstamm. Durch das echte Moos und Geflecht, das sich an ihm hochzieht, wirkt er beinahe natürlich. Eichenblätter zeugen von der Baumart, und verschiedene Utensilien stehen für den Beruf des hier Begrabenen. Als da wären: die angelehnte Flinte und darüber die Waidmannstasche. Der Mann war also Jäger, oder genauer: Förster. Aber warum dieses ausgestellte Grabmal?

»Ein Kreuz im Abseits«, so titelte ein Aufsatz im Heimatjahrbuch 1986 des Kreises Daun. Als der Weidenbacher Müller Matthias Stolz am 30. August 1880 sein Mühlrad in Gang setzte, entdeckte er im ersten Stock seines Hauses die Leiche von Carl Heinrich Hackfeld. Der erst 25 Jahre alte Mann lebte seit Kurzem als Hilfsförster im Dorf, Kost und Logis erhielt er bei den Stolzens. Offenbar war er eines natürlichen Todes gestorben, dennoch taten sich Probleme auf. An eine Überführung in seine thüringische Heimat war seinerzeit nicht zu denken. Der kleine Pfarrfriedhof von Weidenbach hielt kein Plätzchen mehr frei, und darüber hinaus lagen hier ausschließlich Katholiken. Hackfeld jedoch war evangelisch.

Der eigentlich beliebte Förster wurde schließlich auf einem neuen, hoch überm Dorf gelegenen Friedhof beerdigt. Aber auch dies empfanden einige Bürger als Entweihung ihres Gottesackers. Als bald darauf die katholische »Ammi« starb, geschah in der Nacht vor ihrer Beisetzung Seltsames. Auf dem alten Friedhof an der Kirche wurde ein Loch ausgehoben, in das man die Verstorbene hinabließ. Fein säuberlich legte man die ausgestochene Grasnarbe wieder obenauf, der Sarg auf dem neuen Friedhof hingegen blieb leer. Und der andersgläubige Förster lag weiter im Abseits.

Adresse Hauptstraße, 54570 Weidenbach bei Gerolstein, www.weidenbach-eifel.de | **Anfahrt** Der Ort liegt an der B 257 südwestlich von Daun, in Weidenbach links auf die Hauptstraße bis zum Ortsausgang. | **Tipp** Von Weidenbach aus sind es nur wenige Kilometer gen Norden zum Wallenden Born von Wallenborn (siehe Seite 212).

109 Die Künstlersiedlung

Waldeinsamkeit und Kunstproduktion

Die Eifel ist nicht gerade als Kunstregion bekannt. Wenn hier dennoch viele Künstler lebten und leben, dann wegen der anderen herausragenden Merkmale dieses Mittelgebirges: wegen seiner grandiosen Natur, die die Landschaftsmaler inspirierte; und wegen seiner mannigfaltigen Gesteine, dem Ausgangsmaterial der Bildhauer.

Die Künstlersiedlung Weißenseifen liegt auf einem Plateau über dem Kylltal, mitten im Wald und sehr versteckt. Es war genau diese waldeinsame Nähe zur Natur, die bald nach dem Zweiten Weltkrieg die ersten Künstler anzog. Weil jeder Neuankömmling sein Haus nach eigenen Vorstellungen errichtete, stößt man hier inzwischen auf eine spannende, »hundertwässrige« Vielfalt architektonischer Formen. Zum Zentrum des Dorfes entwickelte sich über die Jahre die Galerie am Pi. Um sie herum wandelt man heute durch einen stetig wachsenden Skulpturenpark. Manche dieser Steine mutierten zu Tieren oder Phantasiewesen, andere sind Menhiren nachempfunden. Inmitten eines kleinen Steinkreises namens Omega-Monument steht die Urne des Malers und Bildhauers Albrecht Klauer-Simonis (1918–2002), der die Siedlung ab 1963 entscheidend prägte. Allen Werken gemeinsam ist das Material, das die Weißenseifer Künstler aus dem eigenen Steinbruch herbeischaffen: der rötliche Sandstein der Region.

Mitte der 1970er Jahre hatte man in Weißenseifen begonnen, jährliche Bildhauer-Symposien auszurichten. Die Tradition blieb bis in die Gegenwart wach, zumal sich dieses Künstlerdorf als offene Kommune versteht. »Weißenseifen ist kein abgeschlossen musealer Ort, sondern ein Kraftfeld«, heißt es in der Selbstdarstellung. Wer sich berufen fühlt, kann sich auch heute noch hier ansiedeln, das Gemeinschaftsleben ist immer im Fluss. Und wer sich nicht sicher ist, mietet zunächst einmal eines der kleinen Holzchalets für temporäre Arbeitsaufenthalte.

Adresse Am Pi 2, 54597 Weißenseifen, www.symposion-weissenseifen.de | **Anfahrt** Man findet den Ort nördlich der L 16 von Schönecken nach Mürlenbach. | **Öffnungszeiten** Das Gelände ist frei begehbar. Die Galerie am Pi öffnet nach Vereinbarung: Tel. 06594/883, www.galerie-am-pi.de | **Tipp** Während des sommerlichen Symposiums werden Kunst-Kurse auch für Laien angeboten (Genaueres siehe Homepage).

110 Die Erlöserkirche

Kaiser Wilhelm und der Eifeldom

Ein winziges Dörfchen ist dieses Mirbach, aber oben drüber steht ein extrem repräsentabler Kirchenbau. Der »Eifeldom« wird er genannt, und wenn er auch nicht gerade über die Ausmaße einer weltstädtischen Kathedrale verfügt, so doch über eine spannende Entstehungsgeschichte.

Der Eintritt in dieses Gemäuer ist mit nichts in der Eifel zu vergleichen. Man könnte meinen, die Fenster seien hier so klein, damit man noch mehr Wandfläche für die alles dominierenden Mosaike schaffen konnte. Bis weit über Kopfhöhe bedecken sie sämtliche Wände mit Motiven aus dem frühchristlichen Ravenna. Die vorherrschenden goldfarbenen Steinchen tauchen den Raum in einen warmen Honigton, der den Besucher ein wenig an die Innenausstattung griechisch-orthodoxer Kirchen erinnert.

Um aber Missverständnissen vorzubeugen: Das Mirbacher Gotteshaus ist katholisch und soll architektonisch an die Jerusalemer Erlöserkirche erinnern. Die hatte 1898 Kaiser Wilhelm II., ein protestantischer Preuße also, eingeweiht. Die vier Jahre später fertiggestellte Mirbacher Kopie wiederum wurde durch den Freiherrn Ernst von Mirbach finanziert, seines Zeichens Oberhofmeister der Kaisergattin Auguste Viktoria. Mit dem Kirchenbau ließ er zudem eine künstliche Burgruine errichten. Von Mirbach, dessen Geschlecht schon 1550 zum protestantischen Glauben übergetreten war, stellte die Kirche der Katholikengemeinde des Dorfes zur Verfügung. Er blieb jedoch Eigentümer. Seine Ehefrau Gabriele verlieh dem Engel an der Nordostecke ihre Züge. Im Innern besticht eine kleine Loge, die vom Chorraum mit schwarzen Marmorsäulen abgetrennt ist.

Die Mirbacher Erlöserkirche ist im Übrigen nicht die einzige, die den stolzen Beinamen »Eifeldom« trägt. Im Grunde schmückt sich damit jede voluminösere Kapelle zwischen Bonn und Trier. Was damit zum Ausdruck kommt: Die große, weite Welt liegt für Eifelaner seit jeher im Norden. Und heißt Köln.

Adresse Kapellenstraße 1, 54578 Wiesbaum-Mirbach, www.wiesbaum.eu | **Anfahrt** von der B 258 südlich von Blankenheim ab nach Dollendorf und Mirbach | **Öffnungszeiten** täglich 9.30–18 Uhr | **Tipp** Von religiöser Pracht zum religiösen Wahn führt ein Abstecher ins nahe Esch (siehe Seite 84).

111_ Die Apokalyptischen Reiter

Vier Fenster von Georg Meistermann

Als 2007 das große Gerhard-Richter-Fenster im Kölner Dom installiert wurde, war dem konservativen Kardinal Joachim Meisner das gar nicht recht. Zu bunt und willkürlich schien ihm diese Scherbenplatte. Eine kontroverse Debatte begann, und zugleich rückte eine Kunstform in den öffentlichen Fokus, die normalerweise ein Nischendasein fristet: die Glasmalerei.

Auch die Werke von Georg Meistermann (1911–1990) lösten zuweilen heftige Reaktionen aus. Als er 1949 in der Wittlicher St.-Markus-Kirche seine ersten Fenster einsetzte, musste er bald darauf schon wieder Teile davon austauschen. Vielleicht deshalb regelte man seinen Auftrag für die neuen Rathausfenster fünf Jahre später dann auch komplett an der Öffentlichkeit vorbei. Meistermann erzählte später, dass er seinerzeit noch nicht einmal einen Entwurf hatte vorlegen müssen. Wer weiß, ob es dann überhaupt zu einer Präsentation gekommen wäre, denn Meistermanns Werk zeichnet sich durch einen recht hohen Grad an Abstraktion aus. Deutlich erkennt man zwar den sichelschwingenden Todesreiter, aber schon sein Pferd scheint im Labyrinth der Linien unterzugehen. Meistermann hatte sich für bleigefasste Scherben entschieden, deren Größe, Form und Ausrichtung er expressiv variierte. So wirkt etwa die blutrote Mähne des »Kriegs«-Pferdes wie ein tödlicher Stachelpanzer.

In elf Wittlicher Gebäuden finden sich insgesamt 40 Fenster von Georg Meistermann. Wegen dieser lebenslangen Verbindung vermachte er der Stadt dann auch einen Großteil seines Nachlasses, der heute in der Städtischen Galerie des Alten Rathauses präsentiert wird. In Meistermanns Worten: »Denn dort hat man wie in der südfranzösischen Provinz noch offene Augen und eine wahre Liebe für die Kunst, während die Großstädter durch das Überangebot des Kunstbetriebes verwöhnt und eher gelangweilt sind.«

Adresse Städtische Galerie im Alten Rathaus am Markt, 54516 Wittlich, www.kulturamt.wittlich.de | **Anfahrt** A 1 bis Ausfahrt Wittlich-Mitte | **Öffnungszeiten** Di – Sa 11 bis 17, So 14 – 17 Uhr | **Tipp** Ebenfalls am Markt: die alte Posthalterei, errichtet im frühen 18. Jahrhundert.

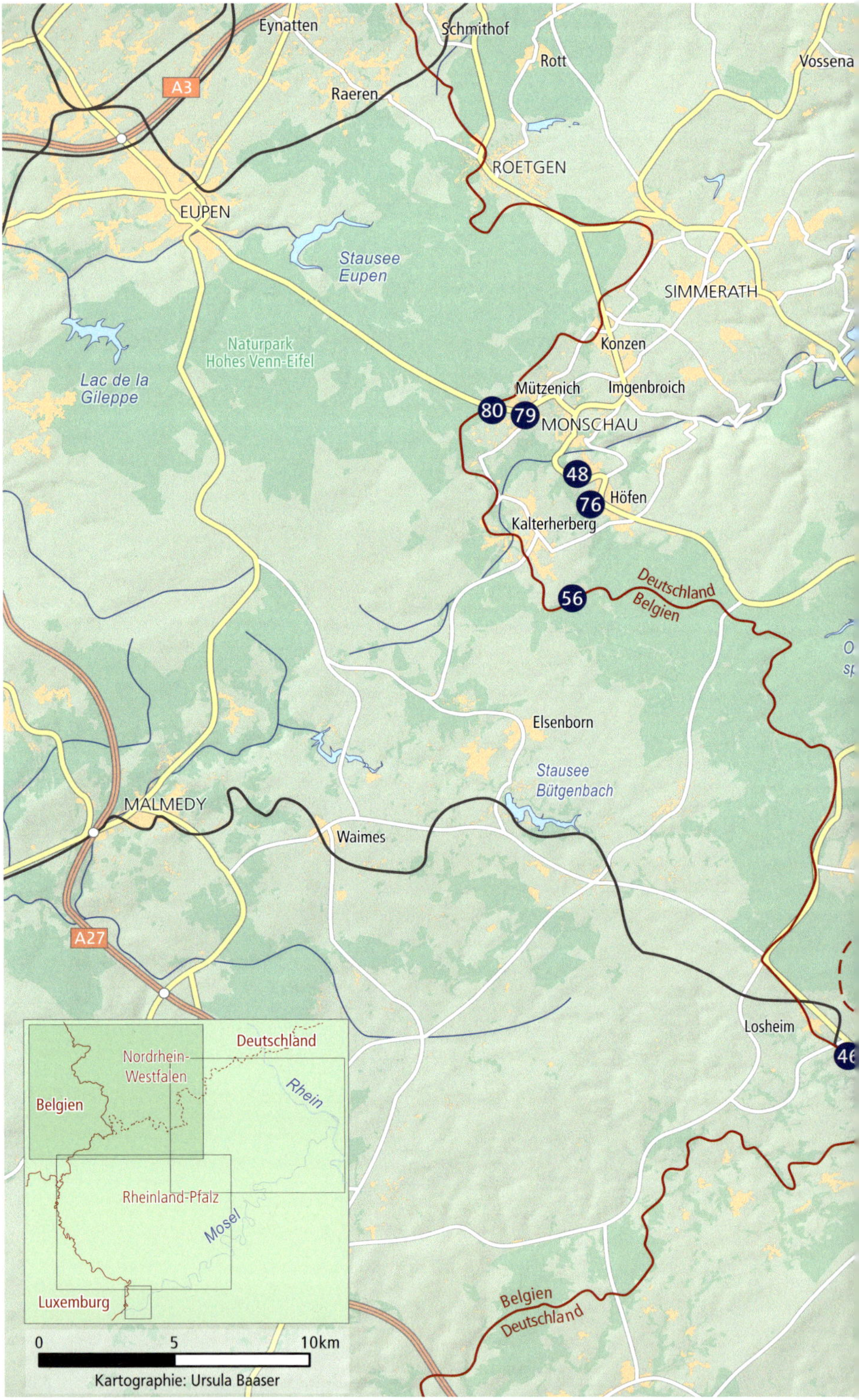
Eynatten
Schmithof
Rott
Vossena
A3
Raeren
ROETGEN
EUPEN
Stausee Eupen
SIMMERATH
Konzen
Naturpark Hohes Venn-Eifel
Lac de la Gileppe
Mützenich
Imgenbroich
80
79
MONSCHAU
48
76
Höfen
Kalterherberg
56
Deutschland
Belgien
Elsenborn
Stausee Bütgenbach
MALMEDY
Waimes
A27
Losheim
46
Deutschland
Nordrhein-Westfalen
Belgien
Rhein
Rheinland-Pfalz
Mosel
Luxemburg
Belgien
Deutschland
0
5
10km
Kartographie: Ursula Baaser

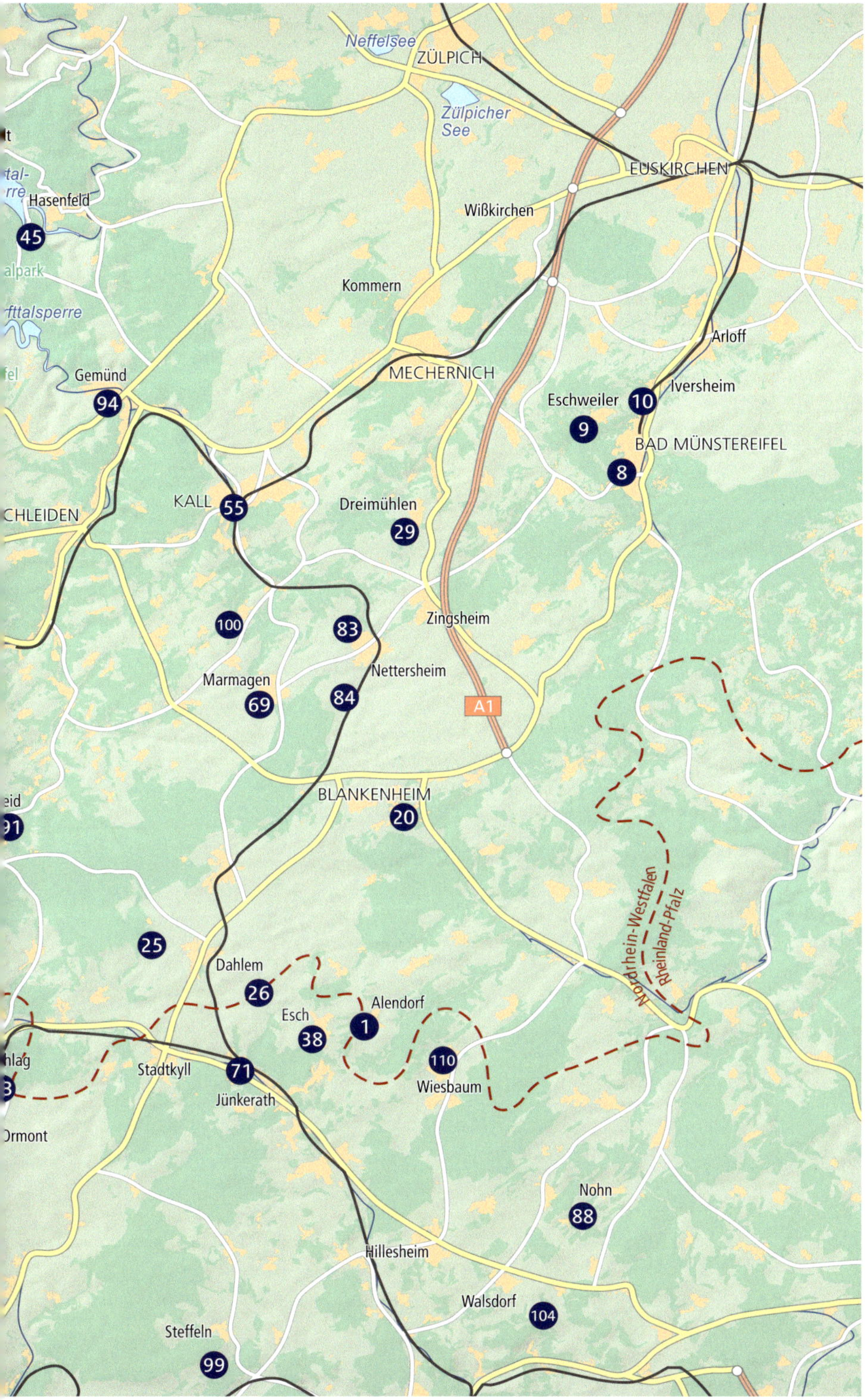
Neffelsee
ZÜLPICH
Zülpicher See
EUSKIRCHEN
Hasenfeld
45
Wißkirchen
Kommern
Arloff
Gemünd
94
MECHERNICH
Iversheim
Eschweiler
10
9
BAD MÜNSTEREIFEL
8
KALL
55
Dreimühlen
29
100
83
Zingsheim
Marmagen
69
Nettersheim
84
A1
BLANKENHEIM
20
25
Nordrhein-Westfalen
Rheinland-Pfalz
Dahlem
26
Alendorf
Esch
38
1
110
Stadtkyll
71
Wiesbaum
Jünkerath
Nohn
88
Hillesheim
Walsdorf
104
Steffeln
99

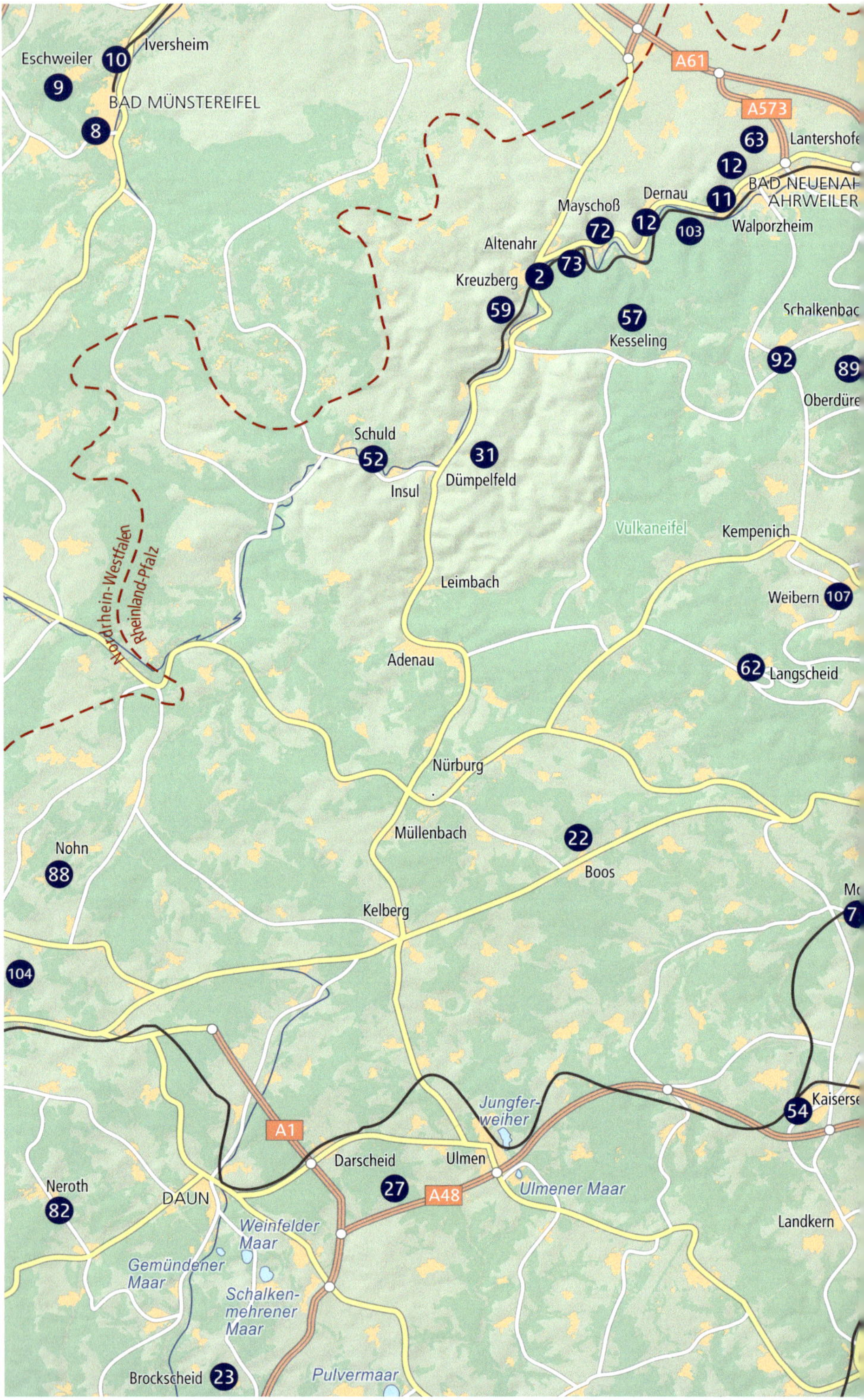

Eschweiler
10
Iversheim
9
BAD MÜNSTEREIFEL
8
A61
A573
63
Lantershofe
12
BAD NEUENAH
AHRWEILER
Dernau
11
Mayschoß
72
12
103
Walporzheim
Altenahr
73
Kreuzberg
2
59
57
Kesseling
Schalkenbac
92
89
Oberdüre
Schuld
52
31
Insul
Dümpelfeld
Vulkaneifel
Kempenich
Nordrhein-Westfalen
Rheinland-Pfalz
Leimbach
Weibern
107
Adenau
62
Langscheid
Nürburg
Müllenbach
22
Nohn
Boos
88
Mo
7
Kelberg
104
Jungfer-
weiher
54
Kaisers
A1
Darscheid
Ulmen
Neroth
27
A48
Ulmener Maar
82
DAUN
Landkern
Weinfelder
Maar
Gemündener
Maar
Schalken-
mehrener
Maar
Pulvermaar
Brockscheid
23

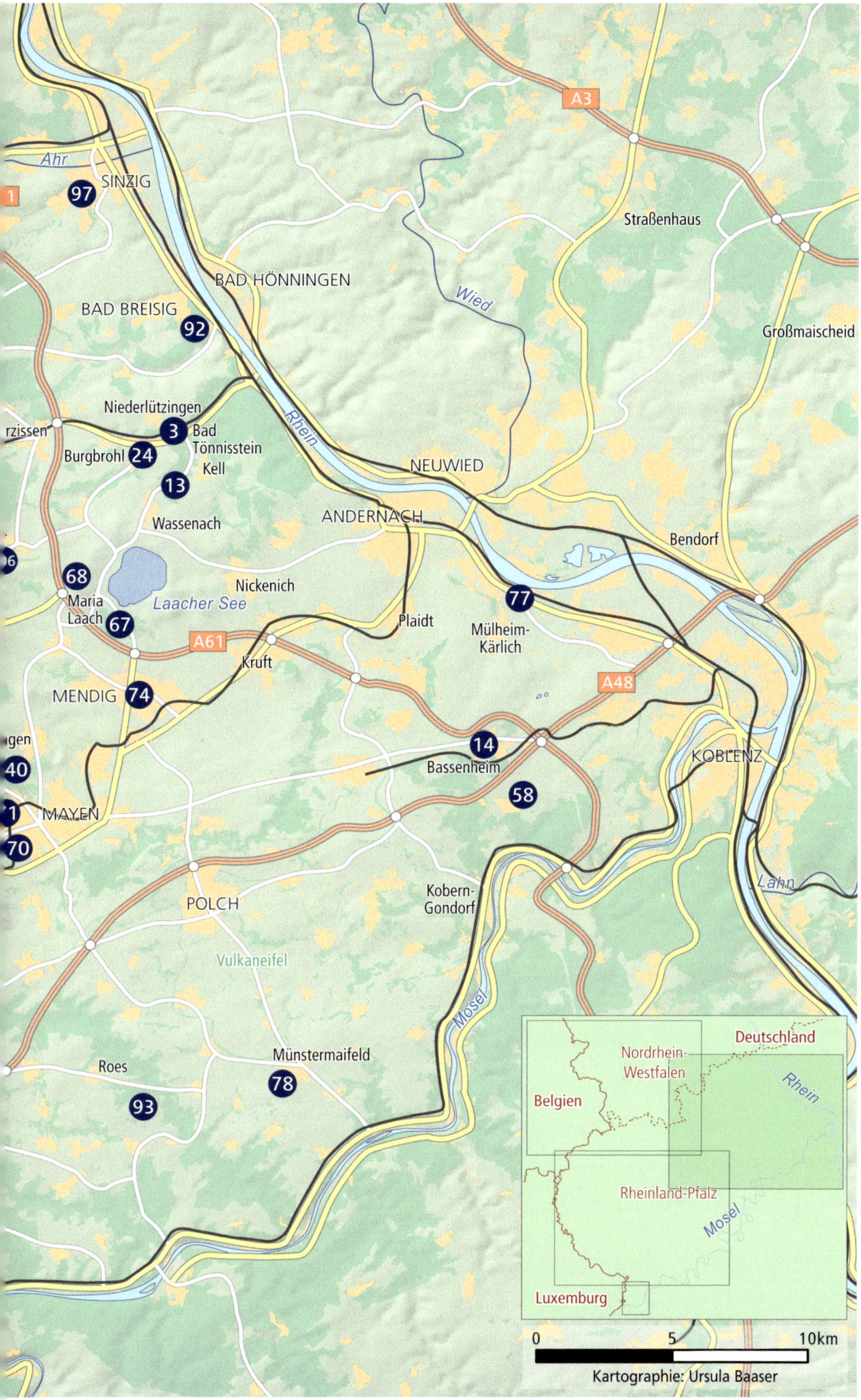

A3
Ahr
SINZIG
97
Straßenhaus
BAD HÖNNINGEN
Wied
BAD BREISIG
92
Großmaischeid
Niederlützingen
3
Bad Tönnisstein
Kell
rzissen
Burgbrohl
24
13
Rhein
NEUWIED
Wassenach
ANDERNACH
Bendorf
68
Maria Laach
67
Laacher See
Nickenich
77
Plaidt
Mülheim-Kärlich
A61
Kruft
MENDIG
74
A48
gen
40
14
Bassenheim
KOBLENZ
58
MAYEN
70
Lahn
POLCH
Kobern-Gondorf
Vulkaneifel
Mosel
Münstermaifeld
Roes
78
93
Deutschland
Nordrhein-Westfalen
Belgien
Rhein
Rheinland-Pfalz
Mosel
Luxemburg
0
5
10km
Kartographie: Ursula Baaser

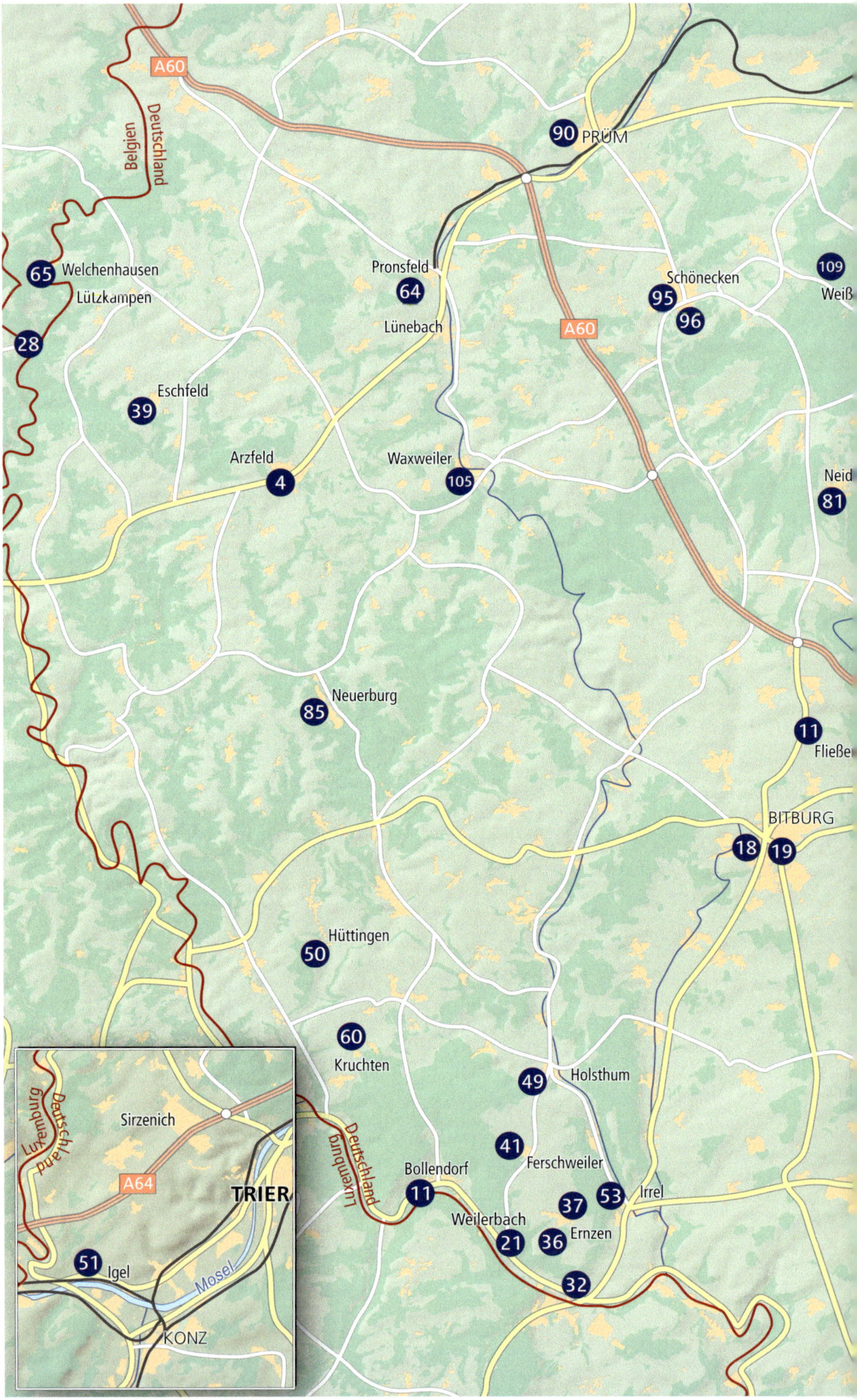
A60
Belgien
Deutschland
90 PRÜM
65 Welchenhausen
Lützkampen
28
Pronsfeld
64
Lünebach
A60
Schönecken
95
96
109
Weiß
Eschfeld
39
Arzfeld
4
Waxweiler
105
Neid
81
Neuerburg
85
11
Fließe
BITBURG
18
19
Hüttingen
50
60
Kruchten
49
Holsthum
41
Ferschweiler
Bollendorf
11
Luxemburg
Deutschland
53
Irrel
37
Weilerbach
21
36
Ernzen
32
Luxemburg
Deutschland
Sirzenich
A64
TRIER
51
Igel
Mosel
KONZ

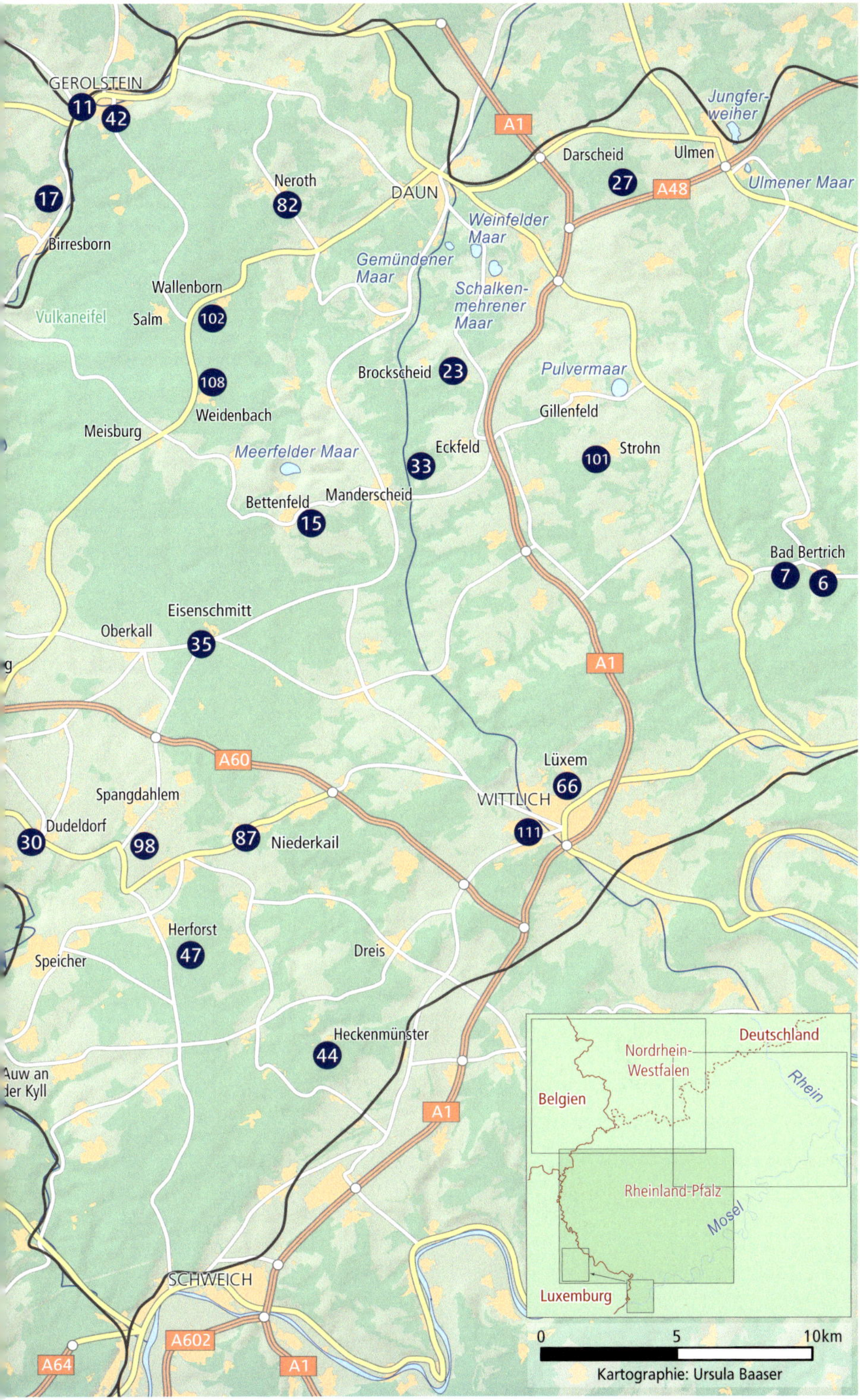
GEROLSTEIN
11
42
17
Birresborn
Neroth
82
DAUN
A1
Jungfer-
weiher
Darscheid
Ulmen
27
A48
Ulmener Maar
Weinfelder
Maar
Gemündener
Maar
Schalken-
mehrener
Maar
Wallenborn
Vulkaneifel
Salm
102
108
Weidenbach
Meisburg
Brockscheid
23
Pulvermaar
Gillenfeld
Meerfelder Maar
Eckfeld
33
Strohn
101
Bettenfeld
Manderscheid
15
Bad Bertrich
7
6
Eisenschmitt
Oberkall
35
A1
A60
Lüxem
66
Spangdahlem
WITTLICH
Dudeldorf
30
98
87
Niederkail
111
Herforst
47
Speicher
Dreis
Heckenmünster
44
Auw an
der Kyll
A1
SCHWEICH
A602
A64
A1
Deutschland
Nordrhein-
Westfalen
Rhein
Belgien
Rheinland-Pfalz
Mosel
Luxemburg
0
5
10km
Kartographie: Ursula Baaser

Bernd Imgrund
111 ORTE IN DER EIFEL, DIE MAN GESEHEN HABEN MUSS
ISBN 978-3-7408-0552-4

»Eine fesselnde Mixtour aus Natur, Kultur, geschichtsträchtigen Plätzen und Bauwerken. Sie animiert, nein sie zwingt den Leser geradezu, dieses famose Mittelgebirge zu erkunden.« Eifelbote

Bernd Imgrund
111 WHISKYS, DIE MAN GETRUNKEN HABEN MUSS
ISBN 978-3-7408-0242-4

Dieses Buch öffnet die Augen für die spannenden Hintergründe altbekannter Brennereien und für die Geschichte schräger Außenseiter.

Bernd Imgrund
111 KÖLNER, DIE MAN KENNENLERNEN SOLLTE
ISBN 978-3-95451-322-2

»Ein Buch, in dem man immer wieder schmökert, obwohl man doch nur mal eben die eine Geschichte lesen wollte …« Kölner Stadt-Anzeiger

Bernd Imgrund
111 DEUTSCHE, DIE MAN KENNEN SOLLTE
ISBN 978-3-95451-836-4

»Der Autor spannt unterhaltsam und kurzweilig einen weiten Bogen.« Frizz

Bernd Imgrund und Britta Schmitz
111 KÖLNER ORTE, DIE MAN GESEHEN HABEN MUSS / Band 1
ISBN 978-3-7408-0801-3

»Das schönste Köln-Buch 2008.« Prinz
»Das Buch dürfte selbst für den erfahrenen Kölnkenner noch einige Überraschungen parat halten!« Kölner Illustrierte

Bernd Imgrund und Britta Schmitz
111 KÖLNER ORTE, DIE MAN GESEHEN HABEN MUSS / Band 2
ISBN 978-3-7408-0882-2

»Bernd Imgrund und Britta Schmitz haben wieder geniale, oft unbekannte Plätze und ihre Geschichte gefunden.« BuchMarkt

Bernd Imgrund
55 ½ ORTE AUF LA GOMERA, DIE
MAN GESEHEN HABEN MUSS
ISBN 978-3-95451-700-8

»Ein Reisebuch für alle Fans und Liebhaber des Archipels und solche, die es werden wollen und einmal nicht auf den abgetretenen Wegen wandeln möchten.« www.spanienaktuell.es
»Dieses Buch von Bernd Imgrund will den Blick auf das Besondere, das nicht sofort ins Auge Fallende richten.« Der Valle-Bote

Bernd Imgrund
111 KÖLNER KNEIPEN, DIE
MAN KENNEN MUSS
ISBN 978-3-89705-838-5

»Die kultigsten Kneipen von Köln.« Express
»Der Durst kommt beim Lesen. Ein kurzweiliger Kneipenführer, in dem es nicht um Gastrokritik, sondern ein Stück kölscher Lebenskultur geht.« Kölnische Rundschau

Bernd Imgrund
111 DEUTSCHE WIRTSHÄUSER, DIE
MAN GESEHEN HABEN MUSS
ISBN 978-3-95451-080-1

»Ein süffiger Insiderführer unserer atmosphärisch wertvollsten Traditionslokale.« Bild Ruhrgebiet

Bernd Imgrund und Nina Osmers
111 ORTE IM KÖLNER UMLAND,
DIE MAN GESEHEN HABEN MUSS
ISBN 978-3-89705-777-7

»Imgrund macht Lust auf einen schönen Herbstausflug.« Westdeutsche Zeitung

Der Autor

Bernd Imgrund wurde 1964 in Köln geboren und mit Kölsch getauft. Er war Messdiener, totaler Kriegsdienstverweigerer und Redakteur eines Stadtmagazins. Seine über 30 Romane und Sachbücher beschäftigen sich u. a. mit Köln, Kneipen, Tischtennis und der männlichen Psyche. Er schrieb eine Kulturgeschichte des Skatspiels (»Das Skat-Lesebuch«) sowie die Reisereportage »Kein Bier vor Vier«. Im Emons Verlag erschienen u. a. die »111 Kölner Orte, die man gesehen haben muss«.

Abbildungsnachweis

S. 17 oben, S. 47 oben, S. 129 oben: Jacob Thoben;
S. 41: TW Gerolsteiner Land / Tourist Information;
S. 93: Naturkundemuseum Gerolstein;
S. 191: Grube Wohlfahrt / Heimatverein Rescheid

Alle übrigen Fotos: Barbara Thoben und Bernd Imgrund